Pour qui est ce livre ?

Ce livre est pour :

- **L'investisseur débutant :**

Vous souhaitez investir dans l'immobilier, et vous ne savez pas par où commencer ? C'est ce livre qu'il vous faut.

Il va vous présenter la seule stratégie qui va accélérer votre enrichissement plus que toutes les autres stratégies combinées que vous pourriez envisager. Le tout sans vous compliquer la vie avec les impôts, les loyers impayés, ou encore les dégradations des locataires.

Car il vous permet de résoudre la problématique de la limite du taux d'endettement à 35%, *tout en vous rapportant des revenus importants rapidement.*

Quels que soient vos niveaux de revenus, vous allez trouver des techniques concrètes qui vont vous permettre de réellement gagner de l'argent sur un temps court. Dans ce livre je vous livre les 10 niches à gros argent.

Grâce à ces techniques, pas besoin d'attendre 10, 15 ou 20 ans pour voir votre portefeuille prendre des dizaines de milliers d'euros en moyenne chaque année. Vous saurez quoi faire exactement à chaque étape. Tout est abordé même la partie prêt immobilier.

- **L'aspirant investisseur en couple dont le conjoint ne veut pas investir :**

Vous en avez marre de cette boule au ventre, car vous souhaitez vous lancer mais pas votre conjoint(e) ? Grâce aux techniques de ce livre, vous allez découvrir comment motiver votre conjoint (e) à investir dans la pierre le tout sans risque, en gagnant le salaire annuel d'un cadre voire d'un cadre supérieur, et le tout sans payer d'impôts.

Croyez-moi qu'après le premier chèque, votre moitié sera convaincue. Et vous aurez réussi à le/la motiver à franchir le pas en toute sécurité.

- **L'investisseur chevronné qui veut exploser son patrimoine :**

Vous avez déjà de l'expérience dans l'investissement immobilier et vous plafonnez ? Grâce à ces méthodes, découvrez comment vous allez réellement exploser votre enrichissement tout de suite grâce à vos connaissances, sans devoir attendre 10 ou 15 ans que vos biens soient totalement remboursés.

Quelle est la promesse que je vous fais ?

L'objectif de ce livre est de vous enrichir de 100.000€ au bout de 5 ans maximum. 100.000€ en cash ! Pas de blablas des pseudos millionnaires immobiliers qui en fait le seront dans 20 ou 25 ans, non. Du cash sur votre compte en banque, le tout NET d'impôts.

Certains d'entre vous y arriveront beaucoup plus rapidement que les autres (Si vous prenez LE bon projet vous pouvez atteindre ça en 18 mois). Mais cela implique de prendre beaucoup de risques. Ce livre vous propose une approche avec un risque maîtrisé. 100.000€ de bénéfices sur votre compte en banque en 5 ans, c'est en prenant un minimum de risques même si vous avez un faible salaire.

Cela fait 1666€/mois net d'impôts tous les mois pendant 5 ans. Maintenant laissez-moi vous poser quelques questions :

- Quelle sérénité cela vous apporterait au quotidien d'avoir 100.000€ de côté sans devoir vous priver ?
- Quel impact 100.000€ aurait sur votre carrière d'investisseur ? Cela l'accélérerait n'est-ce pas ?
- Quelle crédibilité cela apporterait à votre dossier bancaire d'avoir 100.000€ en cash sur votre compte épargne ?
- Quels projets pourrez-vous réaliser quand vous aurez cet argent ?

Attention :

Ici on n'est pas chez les vendeurs de rêve. Vous apprendrez à maîtriser des projets réalistes et réalisables pour des personnes avec des budgets limités. Pour obtenir ces résultats, vous allez devoir travailler (si ce n'est pas ce que vous aviez prévu, n'achetez pas ce livre). Par travailler, je ne parle pas de réaliser les travaux vous-même si vous n'avez ni le temps ni les talents de bricoleur. Par travailler, je parle de **trouver**, d'**analyser**, de **valoriser** des projets, et de suivre leur mise en place.

Et le pré requis pour y arriver est d'avoir un emploi et des revenus issus du travail stable, d'avoir un peu d'épargne (autour de 5000€-10.000€) et d'être motivés à améliorer grandement et rapidement sa situation financière.

Désolé, dans ce livre on ne vend pas de rêve. Si vous êtes au RSA, ou au chômage, si vous n'avez même pas 5000€ d'épargne de précaution de côté. Avant de penser à investir, commencez par améliorer votre situation personnelle. Ou alors associez-vous avec des personnes de confiance dont la situation correspond mieux aux critères d'acceptation des banques.

Ps : Je précise bien que je parle d'emploi stable, je n'ai pas dit CDI… Vous allez découvrir la notion de rendement entrepreneurial qui est LA notion qui fera votre fortune en immobilier.

Vous allez apprendre à :

- Identifier les projets sur lesquels vous devez aller, et ceux sur lesquels vous ne devez SURTOUT pas aller
- Monter les projets que vous souhaitez réaliser
- Convaincre le banquier vous accompagner
- Eviter le redressement fiscal
- Garder vos gains pour vous sans les partager avec le fisc
- Calculer la plus-value d'un bien avant de lancer les travaux

Chaque type de projet sera abordé dans le détail. Avec pour chacun les calculs à réaliser pour s'assurer du rendement du projet. Vous aurez des études de cas concrets pour vous permettre de maîtriser chaque technique à la perfection.

Qui suis-je et pourquoi vous devez m'écouter ?

Je m'appelle Charles Dupuis. Je suis investisseur immobilier depuis 2016 et marchand de bien depuis 2020.J'ai fait à peu près toutes les bêtises qu'on peut imaginer quand on débute en immobilier. Elles m'ont coûté pour les grosses entre 17000€ et 120.000€…Et certaines j'ai pu les rattraper à temps en perdant juste quelques centaines d'euros.

Quand j'ai débuté en 2016, j'ai pris le mur du financement bancaire en pleine face. C'est simple, personne ne voulait me prêter. Mais j'ai découvert comment convaincre la banque, même quand on n'a pas le meilleur des dossiers. Puis j'ai dû le maîtriser plein d'autres choses comme les travaux, l'urbanisme, etc… Pour arriver à des résultats qui ont permis de changer mes finances personnelles.

Ce livre n'est pas un hymne à ma gloire. Devenir une vedette sur YouTube, ou ailleurs ne m'intéresse pas. En revanche, ce qui m'intéresse c'est de vous aider à réaliser vos projets sans faire des erreurs fatales.

Ce livre est un condensé d'expérience terrain, avec une mise en perspective pour vous permettre d'accélérer votre enrichissement. Ces techniques m'ont fait gagner en actif NET 213.000€ en 6 ans (soit une moyenne de 35500€/an, soit environ 2960€/mois net d'impôts). J'aurai pu gagner beaucoup plus si je n'avais pas fait des énormes erreurs (notamment celle qui m'a empêché de gagner 120.000€).

Le fait d'être marchand de bien me permet de maîtriser l'aspect recherche, analyse et valorisation des biens. De plus, grâce aux méthodes que vous allez découvrir, vous saurez comment éviter le redressement fiscal. Ce qui est le risque dont personne ne vous parle, alors que c'est un risque majeur !

Vous pouvez vous planter sur l'estimation de vos travaux, mais si vous n'avez pas protégé la partie fiscale vous n'aurez que vos yeux pour pleurer. Car le fisc vous prendra tout. Soyez donc particulièrement attentifs quand vous allez parcourir le chapitre 2 qui traite de ce sujet.

De plus, j'ai une expertise en montage de crédit immobiliers acquise grâce à une formation par un ancien directeur de banque. Et je vous partage des astuces qui vous permettront de mieux vendre vos projets aux banquiers. Vous avez là le livre que j'aurai aimé tenir en 2016 à mes débuts.

Comment dompter les pensées limitantes qui vous freinent

Nombreuses sont les personnes qui vont avoir des pensées limitantes, soit qu'elles ont intériorisé, soit qu'on leur a communiqué.

#1 - Quitter la rat race est-ce possible par cette méthode ?

Absolument. Après tout dépend de ce que vous entendez par quitter la rat race. Ou devenir rentier.

Si vous pensez que vous allez rouler en Lamborghini grâce à cette méthode, alors vous aurez besoin de faire beaucoup plus de projets que tous les autres. Ce implique de passer d'investisseur occasionnel à investisseur à plein temps. Et donc marchand de biens.

Ce qui implique de prendre plus de risques, et vous allez travailler autant qu'en étant salarié(e). La seule chose qui changera sera votre capacité à prendre des vacances quand vous le souhaitez et l'absence de patron.

Pour le reste niveau charge de travail et stress, vous allez travailler autant et vous serez plus stressés que dans votre boulot de salarié.

En revanche, si vous vous donnez du temps, vous aurez deux moments dans votre progression. Les 5 premières années, vous vous focalisez sur la méthode vue dans le livre. Puis une fois que vous avez du gros cash en main (ce livre vous permet d'arriver à 100.000€ cash au bout des 5 années), là vous pouvez utiliser le levier de cet argent pour vous constituer une rente par des achats d'investissements locatifs qui eux vont vous permettre de quitter la rat race et de devenir indépendants financièrement.

#2 – Il se passe quoi si les locataires ne payent pas ?

L'avantage de cette méthode, c'est que vous n'avez pas de locataires. Par conséquent vous n'avez aucun stress de loyer impayé, aucun stress de bien dégradé... Vous avez le contrôle total des opérations.

#3 – Est-ce que le banquier acceptera de te prêter ?

Cette méthode est l'une des deux seules qui suscite l'enthousiasme du banquier. Car c'est ce qu'il y a de plus naturel pour lui. C'est de la gestion en bon père/mère de famille.

#4 – Mais je n'ai pas les moyens de faire de gros projets pour générer du gros cash. Est-ce que ça marche pour moi ?

Cette méthode s'adapte à vos moyens. Par conséquent non, en gagnant 1200€/mois vous ne pourrez pas faire financer un immeuble de rapport à 1 million d'euros. En revanche, un appartement à 81.500€ oui. Et dans des villes autour des grandes agglomérations, ou dans des petites villes, c'est un budget suffisant pour un projet immobilier qui va être le point de départ de votre future richesse.

Le but de ce livre est de vous emmener à 100.000€ de cash sur votre compte en banque. Mais pour cela deux conditions :

1. Vous avez une situation stable niveau emploi
2. Vous avez des revenus issus du travail qui sont stables

Je le redis : Si vous êtes au RSA, au chômage ou que vous avez une situation non stable, associez-vous à quelqu'un qui lui a une situation stable.

#5- Mais l'immobilier était moins cher il y a 20 ans

L'immobilier s'apprécie par rapport à l'état du marché quand on achète. Oui l'immobilier était moins cher il y a 20 ans, mais on n'a pas besoin de boule de cristal pour savoir que dans 20 ans ça coûtera beaucoup plus cher qu'aujourd'hui. C'est à vous de savoir quand vous voulez vous lancer.

Tous les anciens vous diront que le plus tôt c'est le mieux.

#6- Mais je ne suis pas doué(e) en travaux …

Dans ce livre, vous apprendrez à identifier les bonnes entreprises de travaux, et à leur déléguer efficacement vos chantiers, tout en contrôlant leur activité.

#7- Mes amis/Ma famille/ Mon conjoint trouve(nt) ça risqué d'investir

Oui, investir a une part de risque. Comme prendre sa voiture pour aller travailler. On peut avoir un accident non responsable, alors qu'on a tout fait pour l'éviter. C'est la raison pour laquelle on passe tous du temps en autoécole, pour maîtriser notre voiture, et apprendre à lire les situations afin d'anticiper sur les problèmes.

De la même manière, en se formant, on va maîtriser les risques qu'on prend. On peut décider de gérer le risque en ne faisant rien, ou de se former et d'apprendre à bien maîtriser les situations.

Et grâce à ce livre, vous saurez identifier quels projets ne méritent pas du tout votre attention, et lesquels doivent au contraire la mériter totalement.

De plus, quand quelqu'un vous raconte tout ce qui se passe dans le monde de l'immobilier, ayez la curiosité de lui demander combien de lots en immobilier cette personne possède, et quelle méthode elle a suivi. Le silence qui suit cette question est en général éloquent.

#8 – Et la fiscalité dans tout ça ?

Eh bien, dans ce livre, vous allez découvrir la seule méthode d'investissement garantie SANS IMPÔTS. Il n'en existe pas deux. C'est la seule en France à bénéficier de ce régime.

#9 – Immobilier ou crypto monnaies ?

Le problème des crypto monnaies c'est qu'on ne maîtrise pas réellement le système. Et surtout qu'aujourd'hui ces monnaies ne s'adossent pas à une valeur tangible, réelle. Par conséquent, on ne contrôle rien. L'immobilier c'est du concret, du solide, car peu importe les circonstances, on aura toujours tous besoin d'avoir un toit au-dessus de nos têtes.

Copyright construction neuve © 2022 tous droits réservés.
Reproduction interdite sans l'autorisation écrite de l'auteur.

Pour qui est ce livre ? 1

Comment dompter les pensées limitantes qui vous freinent 5

Préface - la mine d'or cachée 10

Partie 1 – Oser se lancer, en évitant les problèmes … Notamment avec le fisc .. 20

Chapitre 1 – Les clés pour se lancer avec succès 21

Chapitre 2 – Les astuces pour éviter de donner tout votre argent au fisc 24

Chapitre 3 – Convaincre le banquier grâce aux méthodes des pros 34

Partie 2 - Comment trouver des biens qui vont rapporter au moins UN an de salaire de cadre supérieur ? 47

Chapitre 4 – Créer son équipe de choc « gros argent » 48

Chapitre 5 – Comment trouver des biens qui rapportent gros 52

Chapitre 6 – Comment choisir LA pépite 60

Chapitre 7 – Comment négocier pour payer moins cher… Même si on débute. 65

Partie 3 : Les projets que vous pouvez réaliser, étape par étape, même si vous débutez 85

Chapitre 8 – Le projet idéal pour débuter son aventure sans risque 86

Chapitre 9 – Le projet de difficulté moyenne, mais qui rapport un max 124

Chapitre 10 – Les cas complexes mais qui rapportent gros rapidement 180

Partie 4 – Atteindre les 100.000€ en cash en 5 ans (ou plus rapidement) 190

Chapitre 11 – Exemple de stratégie pour avoir 100.000€ en 5 ans 191

Chapitre 12 – Créer sa propre stratégie en fonction de sa situation personnelle 198

Conclusion 213

Préface - la mine d'or cachée

Il est classique pour de nombreux aspirants investisseurs de regarder des vidéos sur YouTube de personnes qui n'ont qu'un mot à la tête : Rentabilité. Alors on a des chiffres qui volent : 10%, 15%, voire 20% de rentabilité. Quand quelqu'un a une rentabilité à 5% ou 6% cela engendre des quolibets. C'est à peine si on le lui jette pas du goudron et des plumes pour lui dire à quel point c'est un investisseur en carton !

Ce manque cruel de recul sur l'investissement immobilier est une des conséquences de formations qui ont mis l'accent sur un seul volet de l'investissement : L'investissement locatif. Alors qu'on peut gagner tellement plus d'argent, tellement plus vite, le tout en prenant beaucoup moins de risques !

Le problème d'un raisonnement uniquement par le cash-flow est le suivant :

- Il se passe quoi si on est dans une ville où les prix d'achats sont faibles, avec un faible volume de locataires, des loyers bas avec dans cette configuration des impôts locaux élevés ?
- Il se passe quoi si on est dans une ville où les prix à l'achat sont élevés et les loyers faibles en proportion comme par exemple Paris, Toulouse, Bordeaux ou Lyon ?
- Il se passe quoi si on veut investir dans un secteur qu'on connait et qu'on n'a pas l'intention ou l'envie d'aller à plusieurs centaines de kilomètres de chez soi pour investir ?
- Il se passe quoi si on a envie d'avoir un patrimoine de qualité, et non pas envie de faire des paris sur des "zones en devenir" ?

Car, nombre d'investisseurs avec ces rentabilités fracassantes sont dans une stratégie de **prise de risque maximale**. Mais ce n'est pas mon cas.

Me lever pour aller au travail ne me pose aucun problème, c'est grâce à ce salaire que je peux investir dans la pierre. Et pour moi la valeur de mon patrimoine est plus importante que le loyer que j'en tire. Parce que je suis sur une stratégie où je prépare ma retraite, et la transmission d'un patrimoine de qualité à mes enfants. Le but n'est pas de me dire que j'ai 40 appartements, ce qui m'intéresse c'est ce que ça me rapporte. Et pour ça, les loyers ne sont pas suffisants. Car, il faut leur retrancher plein de charges et d'impôts.

Par conséquent, j'ai cherché le moyen d'allier immobilier de qualité et gains financiers. Et à force de réflexion, j'ai fini par trouver. C'était tellement évident que plus personne n'y pense. Alors que pendant des dizaines d'années, cette méthode a changé le destin de milliers de familles. De plus, le fait d'avoir des biens excellemment situés m'évite d'avoir de mauvais locataires, avec les problèmes qui y sont liés :

- Dégradations
- Non-paiement des loyers
- Vacance locative

Alors je vais toujours privilégier l'emplacement premium même si ça implique un rendement plus faible à un bien de pur rendement dans un endroit « en devenir ». Je ne sais pas vous, mais je n'ai pas une boule de cristal, alors je préfère gagner tout de suite.

Car dans le premier cas dans l'emplacement premium, j'ai du gros cash (le salaire annuel d'un cadre voire d'un cadre supérieur) si je revends vite, et dans le deuxième cas dans les zones en devenir ou dans les très petites villes, dans la plupart des cas, on peut faire une plus-value à la revente, mais pas aussi explosive.

Un projet typique chez moi en locatif fait un peu plus de 6% de rendement brut. Et mes seules exigences sont l'auto financement du bien, et l'actif net qu'il génère. Car au final, c'est cet actif net qui va m'enrichir. L'actif net étant la différence entre ce que vous devez à la banque et le prix auquel vous pouvez revendre le bien.

Prenons un exemple chiffré afin que vous puissiez comprendre où je veux en venir. Prenons un bien immobilier à 300.000€ tout compris. Imaginons qu'il ait un rendement brut de 10%. Cela veut dire qu'il va produire 30.000€ de loyers par an. Soit 2500€ de loyers par mois. C'est le cas typique d'un petit immeuble de rapport dans une petite ville. Pour avoir étudié Amiens, on va prendre le cas de cette ville pour les taxes. Mettons-nous dans le cas idéal d'un

investisseur qui a obtenu un emprunt à 110% sur 25 ans, à un taux de 2.49% et une assurance de 0.45%.
Cela lui fait une mensualité de 1457€. Avec :

- 112.5€/mois d'assurance emprunteur
- 622.5€/mois d'intérêts d'emprunt (le premier mois, ça baisse ensuite)
- 722€/mois de capital remboursé

Rappel : Le rendement entrepreneurial est l'accroissement de la valeur locative et de revente d'un bien après des optimisations. Afin de comparer les deux situations : Celle de l'exploitation pour du pur cash-flow ou celle de la revente après rendement entrepreneurial pour voir quelle stratégie vous enrichira le plus rapidement.

Commençons par faire un bilan de ce qui va rester dans la poche à la fin. Imaginons que la personne loue le bien en meublé (ce que je vous conseille pour éviter le coup de bâton du fisc).

Poste	Valeur	Résultat
RECETTES MENSUELLES		Total
Loyer mensuel	2500€	2500€
DEPENSES MENSUELLES		Total
Crédit immobilier	1457€	2324€
Assurance Propriétaire Non Occupant	50€	
Charges du bien (eau, ménage, électricité)	250€	
Taxe foncière (⅙ de mois de loyer à Amiens)	417€	
Cotisation foncière des entreprises	50€	
Comptable (pour éviter les problèmes avec le fisc)	100€	

BILAN NET NET (ce qui reste dans votre poche)	176€/mois

Ce n'est pas mal comme résultat. Si vous avez fait des travaux **et que** vous êtes en régime fiscal de Loueur en Meublé Non Professionnel au régime réel, vous pouvez rester longtemps sans impôts à payer. Grâce notamment aux amortissements comptables du bien.

Mais, encore une fois, il y a un paramètre non pris en compte comme la vacance locative, les réparations à faire qui vont encore venir baisser la somme restante dans la poche. Et dans les calculs de rentabilité, nombreux sont les investisseurs qui oublient ces données.

Pire que ça. Si vous avez acheté dans une ville qui n'est pas la vôtre et que vous devez faire gérer le bien immobilier par une agence, vous allez perdre 8% du montant des loyers. Dans notre cas 200€ quand même à payer par mois à une agence…Ce qui ferait basculer votre bien rentable sur le papier à bien avec un cash-flow négatif.

Maintenant, regardons le cas où l'investisseur exploite son rendement entrepreneurial jusqu'au bout et décide de revendre le bien. Imaginons qu'il dégage 50.000€ de plus-value brute sur ce bien. Il lui resterait dans sa poche en net 31.900€. Soit le salaire après impôts d'un cadre qui gagne 49.400€/an brut. Sauf que vous l'avez fait en quelques heures par jour, sur quelques mois…

Je sais, je vous ai dit que vous ne payerez pas d'impôts sur la plus-value grâce à cette méthode. Et plus loin dans le livre je vous explique comment faire. Dans ce livre vous allez tout apprendre :

- Comment trouver les biens ultra rentables, ainsi vous saurez quels biens acheter pour gagner un maximum d'argent.
- Comment faire des offres afin qu'elles soient acceptées par les vendeurs. Ainsi, vous n'allez pas vous épuiser à visiter 50 biens avant d'avoir une seule offre acceptée.
- Comment négocier le prix à la baisse. Ainsi, vous allez pouvoir maximiser vos gains
- Comment calculer le montant des impôts que vous aurez à payer si vous choisissez d'en payer, de manière à ce que

vous sachiez à chaque fois si vous devez de l'argent au fisc ou pas
- Comment éviter un redressement fiscal, afin de vous éviter de faire faillite
- Comment valoriser le bien, cela pour gagner le maximum au moment de la vente de votre bien
- Comment vendre le bien pour en tirer le maximum

Vous allez apprendre tout ça grâce à des cas concrets de projets. Et chaque chapitre vous prend par la main et vous amène étape par étape vers le succès. Ce livre n'est pas un livre sur mon parcours, car ce que j'ai fait, je l'ai fait. Ce qui est important c'est les changements financiers qu'il va vous permettre d'atteindre.

C'est un livre formation pour vous apprendre comment gagner de l'argent rapidement dans l'immobilier.

Encore une fois : Il n'y a aucun problème à faire du pur rendement, si l'ambition c'est de ne pas se prendre la tête et de quitter son job, ça peut être une stratégie intéressante. Mais, encore faudra-t-il se faire financer plusieurs biens sur un temps suffisamment court, pour générer suffisamment de cash-flow pour quitter son emploi en maintenant son niveau de vie. Si c'est ce que vous cherchez là tout de suite, ce livre n'est pas fait pour vous.

Si en revanche vous cherchez à avoir de temps à autre une énorme rentrée d'argent, qu'ensuite vous pourrez réinvestir, alors ce livre est fait pour vous.

La première fois que j'ai connu ça c'était quand le notaire avait viré la somme de 43.000€ sur mon compte bancaire. Ce virement m'a mis dans une joie que vous pouvez deviner. J'ai oublié les 8 mois de galères avec les travaux (c'était mon premier projet), les longues heures passées à réfléchir à l'agencement, le stress au moment de chercher un locataire…

Pour en arriver à ça, j'ai dû trouver un bien dans une zone où il est impossible d'en trouver. Ma ville comme nombre de grandes villes est une zone ultra tendue. Il y a les investisseurs introduits qui ont accès aux dossiers intéressants, et il y a les autres.

Les dossiers intéressants sont ceux qui vous sont présentés avant la publication de l'offre. Ainsi, vous avez tout le loisir de faire une offre au prix (si le bien en vaut la peine), ou plus basse si le bien est pourri, et doubler tout le monde. Mais pour en arriver à être introduit, ça m'a demandé beaucoup de travail de réseautage, etc.

Cet appartement est situé dans une zone tendue de ma ville. C'est impossible d'y trouver un appartement intéressant à la vente. La propriétaire qui vendait le bien était une artiste, et après avoir quitté la ville elle l'avait mis en location. C'était un appartement assez sombre, avec une cuisine qui n'était ni faite ni à faire. Un clic clac, et je ne parle même pas du système de chauffage… vétuste. Elle y logeait des étudiants contre 450€/mois.

Un agent immobilier de mon réseau m'avait appelé, un jeudi soir à 17h pour savoir si je voulais visiter. Il m'avait décrit le bien. Et à 18h00 je visitais le bien. Il n'y avait pas d'électricité, car le bien était vide depuis 1 an. C'était un retour à la vente car 3 acquéreurs successifs s'étaient rétractés. C'était des investisseurs débutants qui avaient eu peur de l'ampleur des travaux…

Pourtant moi à l'instant où je suis entré dans cet appartement, j'ai vu le potentiel. L'agent immobilier se taisait, et je me faisais ma visite tout seul.

A base de cloisons à abattre pour récupérer la lumière, où je verrai bien tel et tel meuble… Ce que je ferai de la cuisine, etc. Et à 18h20, je rédigeais mon offre au prix. On ne marquait ni date, ni heure (c'est illégal, mais tous les investisseurs introduits le font). L'agent immobilier allait juste marquer la date du lendemain (jour de parution de l'annonce) avec l'heure de la visite 09h00 (heure de parution de l'agence).

Donc à 09h30 quand les premiers investisseurs ont commencé à appeler, c'était trop tard, le bien était vendu. Pour avoir longtemps été du côté de ceux qui appellent et à qui on dit que le bien est vendu, je jouissais littéralement d'être enfin passé du bon côté.

Quelques chiffres :

- Localisation : Hyper centre de ma ville zone ultra premium
- Superficie : 25 m²

- Projet : T1 transformé en T2 haut de gamme
- Prix d'achat du bien : 104.600€
- Frais de notaire : 7800€
- Prix d'achat des meubles dans le bien : 2000€
- Frais d'agence : 3000€ (frais partagés avec le vendeur)
- Travaux : 5000€ (J'ai fait beaucoup de travaux moi-même)

Soit 122400€ que j'ai fait financer entièrement par la banque y compris les meubles grâce à quelques astuces. L'appartement a été loué en meublé avec le statut fiscal de loueur en meublé non professionnel en régime réel (LMNP) à 700€/mois. Les prédictions de l'agent immobilier étaient que je pourrai le louer à 530€. Et à 580€ si j'ai de la chance... Sauf que je l'ai loué finalement à 700€/mois à un jeune actif, soit 120€/mois plus cher que les prédictions de l'agent immobilier !

A la fin des travaux, un autre agent immobilier de la même agence était venu pour estimer la valeur de l'appartement sur le marché. Et il m'avait dit que la valeur de mon appartement avait augmenté de 10.000€ à peine. Et que dans 5 ou 6 ans peut être, je pourrai espérer une valorisation de +20.000€ par rapport au prix que j'avais payé... Sauf qu'au bout de trois ans, j'ai voulu vendre pour aller sur un autre projet. Et que j'ai revendu cet appartement à 175.000€ ! Soit 52.600€ de plus-value brute en 3 ans !

Ps : Pour arriver à 43.000€ net, il faut tenir compte de l'amortissement du capital pendant 3 ans (je sais que certains feront le calcul).

Ce projet m'a appris que les agents immobiliers connaissent bien le marché des biens moyens, mais dès qu'on a un bien exceptionnel, ils sont perdus.

Un investisseur 100% rendement m'aurait conseillé d'acheter un immeuble de rapport dans une petite ville, avec des locataires caf, pour avoir du cash-flow. Mais toucher net d'impôts 43000€ au bout de 3 ans ça correspond à un cash-flow net net de 1194,5€/mois. Sauf que j'ai touché ça en 1 fois. Et ça a fait un bien fou à mon dossier bancaire et j'ai pu enchainer.

C'est comme ça que je suis tombé dans le monde de l'achat revente. Ce n'était pas du tout prémédité. Depuis, je suis devenu marchand de biens, ce n'est certes pas mon métier principal, mais ces compétences m'ont évité de faire bien des erreurs.

Les connaissances techniques de marchand de bien m'ont permis de faire des projets de plus en plus complexes. Je n'ai pas encore la surface financière pour faire des gros projets en une fois (ex : Immeuble de 600 m² dans une grande ville), donc je me focalise sur des projets assez modestes mais avec une rentabilité XXL. Et l'objet de ce livre est de vous donner tous les éléments pour en faire de même.

J'attire votre attention sur un élément extrêmement important : Le fisc est en constante recherche d'argent. Alors, dans vos arbitrages, vous devrez toujours effectuer des montages pour éviter la requalification en tant que marchand de biens. Car si vous êtes requalifiés, vous allez payer des impôts qui pourraient réduire à néant vos gains. Ainsi, d'un projet rentable, vous pouvez vous retrouver dans la configuration d'un projet où le fisc non seulement vous a pris tous vos bénéfices, mais en plus vous lui devez de l'argent.

Donc ayez à l'esprit qu'avec l'achat revente, vous entrez dans la cour des grands. Mais vous devenez une cible pour le fisc en constante recherche d'argent. Vous trouverez des conseils et des stratégies pour éviter que ce soit le cas, mais encore une fois c'est vous le capitaine du navire. C'est vous qui prendrez les décisions.

Il est usuel qu'on ne vous alerte pas sur cet aspect pourtant crucial. Mais, le risque fiscal est le risque majeur d'un projet d'achat revente. Car si vous vous êtes trompés dans les chiffres pour évaluer le montant des travaux, vous pouvez trouver des solutions. Par contre, si le fisc vous tape dessus, vous pouvez perdre tout ce que vous possédez. Y compris votre résidence principale si vous en avez.

Je ne dis pas ça pour vous effrayer. Je le dis pour que vous soyez particulièrement attentifs lors du chapitre 2. Car les conseils que vous allez y trouver vont littéralement vous sauver la vie. Une dernière fois : Il y a des administrations avec lesquelles vous pouvez jouer ou prendre des risques. Mais le fisc n'en fait pas partie. C'est la seule administration qui est réputée avoir toujours raison face à vous. Et c'est à vous de montrer qu'elle a tort. Ça peut arriver que vous ayez raison, mais c'est rare. Et au vu des sommes en jeu, ne jouez pas avec le feu !

Maintenant que tout est clair, nous allons pouvoir entrer dans le vif du sujet.

Avant d'aller plus loin …

Merci d'avoir pris du temps pour acquérir et lire mon livre. J'ai besoin de votre aide pour le faire connaître. Car je n'ai pas de maison d'édition pour en faire la promotion.

Je vous serai très reconnaissant si vous rajoutez un commentaire sur la page Amazon du livre afin de le faire connaître au maximum de personnes.

Une fois que c'est fait, envoyez moi un mail à **support@construction-neuve.fr** afin de recevoir un cadeau surprise par retour mail.

De plus par ce geste, vous serez tenus informés des améliorations, ou rajouts faits à ce livre, pour vous emmener encore plus loin dans votre parcours d'investisseur.

A votre succès immobilier.

Charles Dupuis.

Avant-propos

L'auteur ne se présente ni comme banquier, ni comme courtier, ni comme gestionnaire de patrimoine. Il est un investisseur immobilier très expérimenté qui investit depuis 2016. Marchand de biens, depuis 2020, il partage dans ce livre ses techniques et ses astuces pour réussir les investissements.

Les montages proposés représentent le vécu de l'auteur, cependant, les lois changent assez vite. Alors le lecteur devra s'assurer au moment de son opération qu'elle est bien dans le cadre en vigueur de la loi applicable.

De plus, le lecteur reconnaît qu'il est conscient que le rendement d'un projet d'investissement dépend du choix du bien, et que l'auteur ne pourra pas être tenu pour responsable en cas de choix d'un bien par le lecteur qui ne correspond pas aux critères de l'auteur.

Tout projet immobilier comporte une part de risque. Le lecteur s'engage à évaluer son projet avec sérieux, et l'auteur ne pourra en rien être tenu pour responsable des choix du lecteur.

Le lecteur reconnaît être intéressé par le sujet de l'investissement immobilier, et accepte l'entière responsabilité de ses propres décisions. Ce dernier devra prendre conseil en fonction de ses besoins auprès de professionnels (experts comptables, géomètres experts, …) au moment de réaliser ses projets pour éviter les soucis de légalité de ses opérations.

L'auteur ne pourra en aucun cas être tenu pour responsable des décisions prises par le lecteur, notamment d'un point de vue fiscal.

Les textes, les graphes et les annexes contenus dans ce livre sont interdits de reproduction sans l'accord expressément écrit de l'auteur.

Partie 1 – Oser se lancer, en évitant les problèmes … Notamment avec le fisc

Chapitre 1 – Les clés pour se lancer avec succès

Se lancer avec succès va dépendre de plusieurs facteurs. Le premier c'est le temps que vous avez à consacrer au projet. Faire ce type de projets suppose que vous allez passer du temps à :

- Analyser les villes ou les quartiers dans lesquels vous voulez investir
- Visiter des biens
- Analyser le potentiel de chaque bien
- Faire des offres
- Négocier le prix avec les vendeurs
- Valoriser les offres
- Trouver des entreprises pour réaliser avec succès le chantier
- Revendre

Si vous pensez que vous allez rester les bras croisés et que par miracle vous allez recevoir des offres avec un super potentiel, je suis au regret de vous annoncer que vous avez tort.

Cela ne marche absolument pas comme ça. Vous allez devoir commencer comme tous les investisseurs à faire « des piges ». Cela signifie passer du temps sur le terrain, à la fois à rencontrer des agents immobiliers, et à visiter.

Vous devez être dans un état d'esprit d'entrepreneurs. Cela signifie que vous devez identifier dans chaque bien, ce que vous pouvez lui apporter pour le vendre beaucoup plus cher que le prix que vous avez payé.

Vous devez faire des calculs de pour anticiper combien va vous rapporter une opération, et quelle est votre meilleure option. Est-ce que vous devez :

- Louer le bien ? Si oui, pendant combien de temps ?
- Occuper le bien ? Si oui, pendant combien de temps ?
- Revendre tout de suite ? Si oui, combien payerez-vous en impôts ?

Vous devez passer du temps à comprendre les règles du jeu, notamment pour éviter les risques fiscaux. Cela signifie que vous devez au moment de prendre la décision de vendre, savoir ce que ça implique pour vous.

Dans le prochain chapitre, nous allons voir notamment quelques jurisprudences sur la requalification en tant que marchand de bien. Ne prenez pas ce chapitre à la légère. Passez-y du temps. Beaucoup de temps.

Ne pensez pas que vous pourrez réussir seuls. Vous aurez besoin d'alliés. Et pour vous en faire, il n'y a pas de secret. Vous devrez passer du temps sur le terrain.

Passer du temps sur le terrain, cela veut dire qu'au lieu de regarder uniquement les annonces sur internet, vous devez vous rendre en agence. Les agents immobiliers du secteur doivent penser à vous dès qu'ils ont un bien à vendre. Nous verrons comment entrer dans leurs petits papiers, mais c'est un travail de séduction nécessaire que vous devrez faire. Vous n'avez pas le choix.

Les affaires que vous trouverez par vous-même seront rares. Les meilleurs deals vous seront apportés par des agents immobiliers. Alors n'hésitez pas à les payer. Evitez les coups tordus consistant à retrouver le propriétaire du bien immobilier pour éviter de payer l'agent immobilier. Sur une affaire vous pouvez gagner, mais c'est le meilleur moyen de pourrir votre réputation sur le marché.

Vous avez un expert que vous pouvez consulter à loisir sur vos dossiers immobiliers : Il s'agit de votre notaire. Si vous n'avez pas de notaire, arrêtez tout. C'est le moment d'aller vous en trouver un. N'ayez jamais le même notaire que le vendeur. Car, si vous partagez le même notaire, à votre avis, quels intérêts ce notaire va défendre d'après vous ?

Votre notaire est là pour répondre à toutes vos questions juridiques. Ne lui demandez jamais si vous devez acheter un bien immobilier. Il n'en sait rien, dans la plupart des cas, le notaire n'est pas un investisseur. En revanche, si vous lui demandez comment sécuriser votre transaction, il saura se montrer créatif…

Pour donner vie à votre projet immobilier, sans argent…C'est compliqué. Alors, dès l'instant où vous pensez vouloir investir, vous devez travailler votre dossier bancaire. Ce dernier ne doit en aucun cas avoir des défauts évitables.

Concrètement, cela veut dire : Réduire vos dépenses pour mettre de l'argent de côté. Ne plus finir à découvert, etc.

Nous aurons l'occasion d'évoquer dans le détail tous les points de ce chapitre. Mais cette introduction était nécessaire pour vous mettre dans le bon état d'esprit : Vous allez devoir travailler.

Si vous pensiez que posés sur votre canapé l'argent allait venir à vous, désolé, mais je ne suis pas un vendeur de rêve. L'idée de ce livre est d'accompagner les personnes motivées à atteindre leurs rêves par l'immobilier.

Maintenant, place au concret. Vous entrez dans la cours des grands, celle des marchands de biens. Mais chut, vous allez découvrir comment le faire sans énerver le fisc, et sans donner des boutons à votre banquier.

Chapitre 2 – Les astuces pour éviter de donner tout votre argent au fisc

2.1 - Qu'est-ce qu'un marchand de bien ?

Du point de vue fiscal, sont considérés comme marchands de biens les personnes qui, habituellement, achètent en leur nom en vue de les revendre des immeubles, des fonds de commerce, des actions ou parts de sociétés immobilières ou qui, habituellement, souscrivent en vue de les revendre des actions ou parts créées ou émises par les mêmes sociétés (CGI art. 35, I-1°).

Dis plus simplement, un marchand de bien est un professionnel du marché de l'immobilier qui *achète souvent*, apporte de la valeur (ou pas) à un bien immobilier en vue de le *revendre rapidement avec une plus-value*. J'insiste bien sur le mot professionnel, car le fait d'être un professionnel lui permet de pouvoir enchaîner les opérations, du moment qu'il verse tous les impôts dus au fisc.

Ce n'est pas une profession réglementée. Il ne faut pas une carte professionnelle pour devenir marchand de bien. On peut exercer cette profession soit en société, soit en tant que particulier.

Nous ne sommes pas dans un livre sur le métier de marchand de bien. Mais sachez qu'exercer comme marchand de bien en nom propre est le meilleur moyen de payer un maximum d'impôts, et certainement pas de gagner un maximum d'argent. De plus, c'est plus compliqué de se faire financer par les banques son opération de marchand de bien.

Nombreux sont les particuliers qui veulent enchaîner les opérations comme des marchands de bien. Mais qui ignorent que se faisant, le fisc les considère comme tel. Et va les imposer comme des marchands de bien. On parle ici de redressements fiscaux de plusieurs dizaines de milliers d'euros que vous risquez si vous faites les choses n'importe comment.

Pour être qualifié de marchand de bien, il y a deux conditions cumulatives qui s'apprécient AVANT le lancement de l'opération par le fisc. Les décisions judiciaires sont claires, le fisc ne peut pas se baser sur ce que vous allez faire après l'opération, mais il doit démontrer vos intentions avant. De plus une seule des deux conditions ne suffit pas à vous faire qualifier de marchand de bien. Les deux conditions doivent obligatoirement être présentes.

2.1.1 - Première condition : L'intention spéculative

Qu'est-ce qu'une intention spéculative ? Eh bien pour le fisc ça consiste à montrer que vous aviez l'intention au moment de l'achat de revendre avec plus-value et que vous n'aviez pas l'intention de garder le bien. Quels indices vous pouvez lui donner ?

Prenons un exemple concret qui va vous parler : Pierre achète un appartement de 100 m². Il décide de le découper en 4 studios. Pour le fisc, l'intention spéculative est ainsi caractérisée.
Par contre, si Pierre achète un appartement de 50 m² qui fait plus de 4 mètres de hauteur sous plafond et qu'il crée un étage avec une mezzanine et rajoute 30 m², il apporte certes de la valeur à l'appartement, mais l'intention spéculative est plus compliquée à caractériser pour le fisc.

2.1.2 - Deuxième condition : Le caractère habituel de l'activité

Ici, le fisc va regarder le nombre d'opération ainsi que la fréquence à laquelle vous allez revendre vos biens immobiliers. Contrairement à l'intention spéculative, ici le fisc a une plus large liberté d'interprétation des textes.

Imaginons que vous achetiez un immeuble de 4 appartements, et que vous revendez chaque appartement séparément dans la foulée. Le caractère habituel de l'activité est démontré et vous réalisez la condition dite d'habitude. Attention, quand même car le fisc n'a pas défini des "règles d'habitude" c'est lui qui au cas par cas les évalue.

Le dosage doit être savamment orchestré pour éviter de se faire requalifier en marchand de bien.

2.1.3 - Regardons les jurisprudences pour vous familiariser avec ces deux notions

Cas 1 - Le couperet ne passe pas loin.

CAA de Versailles 07/12/2021 n°19VE03989, un couple a acquis, entre 2009 et 2014 :

- Un hangar pour une somme de 185 000 euros qu'ils ont transformé en maison d'habitation de 119 m² et revendue 2 ans après pour un montant de 499 000 euros
- Un terrain à bâtir au prix de 286 000 euros, revendu 1 an et demi plus tard au prix de 894 896 euros, après construction d'une maison
- Une maison pour la somme de 380 000 euros, revendue 1 an et demi après ;
- Un terrain à bâtir sur lequel ils ont fait édifier deux maisons d'habitation, revendues 2 ans après pour un montant global de 1 096 000 euros
- Une maison d'habitation au prix de 350 000 euros dont ils ont fait deux lots, l'un comprenant la maison déjà construite revendue un an plus tard après des travaux

d'agrandissement pour un montant de 522 000 euros, l'autre composé d'une maison neuve qui leur appartient toujours
- Un terrain à bâtir pour un montant de 295 000 euros, divisé en deux lots, l'un revendu en tant que terrain à bâtir un an après, pour un montant de 122 260 euros, l'autre ayant servi de terrain d'assiette à la construction d'une maison individuelle revendue 4 ans plus tard au prix de 714 600 euros

Vous vous doutez bien que le fisc, alléché par des sommes aussi folles s'est intéressé de près au cas de ce couple. Effectivement, le fisc pouvait légitimement argumenter en disant que le couple gardait un bien pendant 2 ans maximum avant de le revendre. Et mis à part la première opération, ils ont systématiquement réalisé des opérations de division.

Au vu du nombre d'opérations et de l'intention spéculative démontrée, il était légitime pour le fisc de vouloir requalifier le couple en marchands de bien. Mais le couple a pu démontrer que chaque maison qu'il a vendue était sa résidence principale. Ce qui empêche automatiquement le fisc de les requalifier en marchand de bien. Car on a le droit en France de revendre sa résidence principale sans impôts sur la plus-value.

Il n'y a pas de règle juridique sur une durée d'occupation minimale pour qu'un lieu soit considéré comme votre résidence principale. Attention, certains essayent de tricher. Ils n'habitent pas les lieux et les déclarent au fisc comme résidence principale.

Ce que fait le fisc c'est qu'ils vont contrôler les factures des abonnements du lieu (électricité, gaz, eau) et comparer ça avec une occupation régulière du lieu. Et nombreuses sont les personnes qui se font prendre à cause de ça. Surtout d'un point de vue électricité, avec un compteur linky, on peut savoir à quel moment de la journée vous consommez de l'électricité. N'essayez pas de jouer aux plus malins avec le fisc, vous allez perdre !

Pour la CAA, l'activité de marchand de biens n'est pas démontrée et « si la succession de ces opérations dans un bref laps de temps aurait été susceptible de motiver la mise en œuvre d'une procédure d'abus de droit, l'occupation à titre de résidence principale des immeubles à la date de leur revente fait obstacle à ce que ces biens soient regardés comme appartenant au patrimoine professionnel d'un marchand de biens. »

Cas 2 : Le couperet passe et ça fait mal

(CAA de Nantes 21/10/2021 n°0NT00957), l'administration fiscale avait requalifié un contribuable en marchand de biens et imposé le profit en tant que tel, malgré l'occupation à titre de résidence principale opposée par ce dernier.

La CAA a estimé que le bien en cause ne constituait pas sa résidence principale en se fondant sur plusieurs indices (une assignation du contribuable devant un TGI et deux contraventions au code de la route notamment).
Pour confirmer la requalification en marchand de bien du contribuable, elle se base en outre sur les indices suivants :

- Auparavant le contribuable a acheté un autre immeuble puis l'a revendu 18 mois plus tard, après travaux, lui permettant ainsi de réaliser une plus-value égale à quatre fois son prix d'acquisition ;
- Le bien en litige a été revendu en 2013 pour 290 000 euros alors le contribuable l'avait acheté 38 000 euros en 2007 ;
- Le contribuable n'exerce aucune autre activité professionnelle et a déclaré exercer une activité de marchand de biens auprès d'un huissier de justice.

N'essayez pas de jouer au plus malin avec le fisc. Vous perdrez toujours. Sachez que le fisc a jusqu'à 3 ans après la réalisation d'une opération pour venir vous contrôler et vous imposer un redressement fiscal.

2.2 - Qu'est-ce que le risque de requalification en tant que marchand de bien ?

Quand on est marchand de bien, on a quelques avantages (pas nombreux) :

- On a des frais de notaire qui sont réduits. Parce qu'on prend l'engagement de revendre au bout de maximum 5 ans. Et si on revend à la découpe le délai de revente est même plus court car il est de 2 ans.
- On peut choisir le mode d'imposition que le fisc va appliquer (TVA/Pas de TVA, …)

Mais pour que vous compreniez l'impact de cette requalification en Marchand de bien, il faut qu'on prenne un exemple concret.

Imaginez que vous ayez un projet. Il s'agit de l'achat d'une maison avec un terrain de 2000 m². Et vous avez décidé par exemple de revendre la maison en l'état tout de suite, mais vous avez détaché une parcelle constructible de 1000 m² pour la revendre elle aussi immédiatement.

Mettons quelques chiffres pour que ce soit concret.

Au moment de l'achat :

- Maison : 300.000€
- Frais de notaires : 22.500€
- Frais d'agence : 15000€
- Géomètre expert : 2500€

Soit un total à l'achat de 340.000€.

Au moment de la revente :

- Maison : 275.000€

- Terrain : 115.000€

Soit un total de 390.000€

2.2.1 - Cas 1 - vous passez entre les mailles du filet (for peu probable) :

Ici, le notaire calculerait le montant de la plus-value des particuliers. Vous avez acheté à 340.000€ vous revendez à 390.000€, vous avez donc une plus-value de 50.000€. Et sur ces 50.000€ il va appliquer la plus-value des particuliers. Comme vous revendez avant 6 ans de détention, vous n'avez droit à aucun abattement fiscal. Par conséquent, le montant de l'impôt sur la plus-value est constitué de :

- Impôts sur le revenu : 19%
- Prélèvements sociaux : 17.2%

Soit un total de 36.2% que vous devez au fisc. Ce qui correspond à 50.000€ x 36.2% = 18.100€. Le notaire vous reversera alors 31.900€. Ce qui n'est pas si mal.

Sauf que le fisc a 3 ans pour revenir vous chercher des poux sur la tête. Et croyez-moi, ils ne vont pas se priver. Dès qu'il y a de l'argent à se faire, ils vont foncer ! Car ici, le notaire n'avait absolument pas le droit d'utiliser cette méthode pour calculer le montant de vos impôts.

2.2.2 - Cas 2 - Vous vous faites exploser par le fisc (car vous n'avez pas respecté les règles)

Le fisc démontre l'intention spéculative que vous aviez en montrant que vous avez effectué une division. Et donc que vous n'aviez aucune intention d'occuper les bien. Et la justice leur donnera raison.

Fisc 1 - Vous 0.

Le fisc démontre la clause d'habitude, car vous avez revendu quasi au même moment. De vous à moi, si vous aviez attendu 3 à 4 ans avant de revendre le dernier lot, ça aurait eu une chance de passer (et encore ça dépend si vous avez réalisé d'autres opérations entre temps …).

Fisc 2 - Vous 0.

Echec et mat, vous allez devoir passer à la caisse. Et nous allons voir que ça va vous faire mal, TRES mal.

Le fisc va vous appliquer le régime de la TVA sur le prix total. Ce qui veut dire concrètement qu'il va considérer que vous leur devez la TVA sur le prix auquel vous avez revendu l'ensemble de vos lots.

Ce livre a pour but de vous éviter d'être requalifiés, mais par soucis de clarté, je vous donne quand même des éléments concrets pour étayer mes propos. Vous n'avez pas à retenir cette formule, juste les effets que ça va avoir. Sauf si bien sûr vous voulez devenir marchand de bien, dans ce cas, vous devez connaître les calculs.

Le fisc considère que votre prix de revente c'est le prix toutes taxes comprises ou prix TTC. Ce qui va être intéressant c'est de calculer par conséquent le prix hors taxes (ou HT). Et la différence entre le prix TTC et le prix HT c'est ça qui va donner la TVA totale que vous devez au fisc.

Etape 1 : Calcul du prix HT

Prix HT = Prix TTC / 1.2 (car la TVA est réputée être à 20%).
Soit : 390.000€ / 1.2 = 325.000€.

Etape 2 : Calcul de la TVA due

La TVA due est la différence entre le prix TTC et le prix HT. Soit 390.000€ - 325000€ = 65000€ !

Notez que nombreux sont ceux qui font l'erreur de croire que comme la TVA est à 20%, on doit faire 20% x 390000 = 78000€. C'est faux.

Mais ils ne sont pas totalement sans cœur le fisc, ils vous donnent la possibilité de pouvoir déduire la TVA des dépenses engagées de ce montant. Sauf que vous êtes embêtés. Vous n'avez pas fait de travaux, vous n'avez utilisé que le notaire, l'agent immobilier et le géomètre expert.

- Votre notaire : 3750€ de TVA déductible
- Votre agent immobilier : 2500€ de TVA déductible
- Votre géomètre expert : 417€ de TVA déductible

Soit un total de TVA à déduire de 6667€.

Vous allez donc déduire ces 6.667 € de TVA 65000€ que vous devez au fisc. Par conséquent la TVA due est donc de 65000€ - 6.667€ = 58.333 €.

La vision du fisc est donc la suivante :
- Vous leur devez 58.333 €
- Vous avez déjà réglé 18.100€
- Vous leur devez : 58.333€ - 18.100€ = 40.233€

Sauf que vous n'avez encaissé que 31.900€. Ce qui implique que vous devrez puiser dans vos économies ou faire un crédit pour verser au fisc 8.333 €, en plus des 31900€ que le notaire vous a versé…

Vous êtes partis d'un montage où vous gagniez de l'argent à un montage où vous perdez de l'argent. Et encore j'ai pris des chiffres assez faibles donc l'écart entre le redressement fiscal et vos gains est faible. Essayez de refaire les calculs si au lieu de 390.000€ le prix de revente total était de 500.000€.

Oui, je sais. Ça fait mal. Mais le fisc n'en a cure. Vous comprenez pourquoi il est important d'éviter de vous retrouver dans la posture où vous vous prenez un redressement fiscal.

2.3 - Comment éviter le risque de requalification ?

C'est assez simple à éviter quand on a du bon sens. Il suffit d'éviter de donner des éléments au fisc permettant de démontrer les conditions d'intention spéculative et d'habitude. Nous verrons dans les cas concrets quelle solution vous pouvez mettre en place pour éviter de vous retrouver en mauvaise posture face au fisc.

Mais j'attire votre attention sur le fait que vous devrez TOUJOURS rester dans la légalité. En cas de doute sur la légalité d'une opération, consultez un avocat spécialisé. Une heure avec lui lèvera tous les doutes si vous en avez.

Il vaut mieux lui verser 100€/150€ plutôt que de vous retrouver avec un redressement fiscal de 40.000€.

2.4 - Conclusion

Vous avez pu voir que le risque de requalification en tant que marchand de bien est réel. Et qu'il peut faire très mal. Imaginez ce qui se passerait si pour une transaction réalisée il y a plus de deux ans que le fisc vienne vous voir et vous demande 40.233€ alors que vous aviez encaissé initialement 31.900€. Et imaginez que ces 31.900€ vous ne les ayez plus parce que par exemple entre temps ils vous ont servi d'apport pour acheter votre résidence principale. Vous commencez à comprendre l'enchaînement pervers que ça peut avoir ?

Parfait. Maintenant, nous allons voir comment vendre votre dossier au banquier.

Chapitre 3 – Convaincre le banquier grâce aux méthodes des pros

De nombreux livres traitent de l'achat revente, mais uniquement avec le prisme du marchand de bien. Sauf que le marchand de bien n'est pas le seul habilité à en faire. Nous avons déjà évoqué le risque juridique de requalification dans les chapitres précédents. Maintenant nous allons voir comment présenter le dossier à la banque.

Vous devez savoir que les banques détestent les dossiers d'achat revente. Car :

- Il faut monter le dossier de crédit : Donc payer un conseiller pour le faire
- Faire un taux attractif pour que le client finalement vienne dans l'établissement
- Attendre que le client devienne rentable en essayant de lui passer un maximum de produits

Vous devez savoir qu'avec les taux bas (même s'ils remontent un peu), les banques perdent de l'argent. Par conséquent, elles ont besoin de temps, et de vous faire consommer d'autres produits pour que vous deveniez rentables.

Pour une banque, son actif le plus important c'est le produit net bancaire d'un client. C'est juste la différence entre ce que vous coûtez à la banque et ce que vous lui rapportez. Ainsi, plus vous avez un produit net bancaire élevé, plus la banque voudra vous garder. Sauf qu'avoir un produit net bancaire chez un client c'est quelque chose que la banque met du temps à faire. Donc, quel serait son intérêt de vous faire un crédit si dans 6 mois vous aurez déjà revendu ?

3.1 - l'argumentaire pour présenter son dossier à la banque

Pour présenter votre dossier à la banque, vous avez deux axes :

- Soit le présenter comme un dossier de résidence principale
- Soit le présenter comme un dossier d'investissement locatif classique

Cependant, vous pouvez vous trouver à l'heure actuelle dans deux cas :

1. Cas 1 : Vous avez déjà une résidence principale
2. Cas 2 : Vous n'avez pas déjà de résidence principale

Cas 1 – Vous avez déjà une résidence principale

Si ce n'est pas votre cas, passez au cas 2 directement.

3.1.1 – Première possibilité – Vous montez votre dossier d'achat comme un dossier de résidence principale

L'avantage d'un montage en dossier de résidence principale c'est qu'il permet d'amadouer le banquier. Car il va se dire que vous allez garder le bien au moins 8 ans (moyenne pour les résidences principales). Et donc il a le temps de se faire un produit net bancaire intéressant.

C'est donc plus facile de convaincre le banquier du bien-fondé de cette opération.

Vous pouvez imaginer deux scénarios : Un premier scénario où vous allez prétendre que vous mettrez votre résidence principale en location. Et un deuxième scénario où vous allez prétendre que vous allez la revendre.

L'intérêt du deuxième scénario par rapport au premier, c'est qu'il annule dans vos emprunts auprès du banquier la mensualité du crédit de votre résidence principale. Par cette seule déclaration, vous retrouvez 100% de votre capacité d'endettement, alors que vous êtes déjà endettés… Magique n'est-ce pas ?

Scénario 1 : Vous prétendez que vous allez mettre en location votre résidence principale.

Faites venir un agent immobilier. Demandez-lui d'évaluer la valeur locative de votre résidence principale. Essayez de trouver le mode d'exploitation qui maximise le loyer perçu. Si vous faites déjà de l'investissement locatif, vous savez que la banque retient entre 70% et 80% des revenus locatifs comme revenus additionnels.

Ce qui signifie que si par exemple vous allez percevoir un loyer de 1000€/mois charges comprises, la banque va considérer que le loyer effectif du bien sera de 700€ hors charges.

Attention : *si vous avez bénéficié de prêts aidés comme le prêt à taux zéro pour devenir propriétaires, vous devez attendre 6 ans avant d'avoir la permission de louer ou de vendre (hors cas prévus par la loi) le bien immobilier. Sous peine de devoir rembourser les aides reçues et de mettre fin au dispositif !*

Cela étant dit, entrons dans le vif du sujet.

Imaginons un couple qui a une maison qu'ils ont achetée il y a 4 ans. Ils ont une mensualité de 900€/mois. Imaginons qu'ils ont fait passer un agent immobilier du secteur qui leur apprend que la valeur locative de leur maison en loyer nu est de 950€/mois.

Maintenant, imaginons que la maison du couple est située à côté du plus grand hôpital de la région. Qui dit hôpital dit internes en médecine, étudiants en médecine en stage, … Qui avec leurs horaires n'ont pas du tout envie de faire de longs trajets. Imaginons que la maison du couple dispose de 4 chambres.

Le couple peut alors monter son dossier en présentant sa location comme un coliving. Pour fixer le prix des chambres, le couple se renseigne sur le prix des studios dans le secteur. Et ils s'aperçoivent que les studios coûtent 450€/mois. Pour rassurer le banquier sur la solidité de leur montage, le couple peut décider de mettre la chambre à 400€/mois.

Il leur suffit ensuite de demander à un agent immobilier des attestations de valeur locative pour les deux cas.

Maintenant faisons les calculs :

- Si location à une famille : 950€/mois soit un loyer retenu par la banque de 665€/mois
- Si location en coliving : 400€ x 4 = 1600€/mois soit un loyer retenu par la banque de 1120€/mois

Donc si on calcule l'impact de la résidence principale sur la capacité d'emprunt, on se retrouve avec :

- La location à une famille : 900€ - 665€ = 365€/mois d'impact sur le budget du couple
- La location en Coliving : 900€ - 1120€ = -220€/mois d'impact sur le budget du couple. Le couple encaisse 220€ de plus sur la maison que ce qu'elle lui coûte. Ce qui limite l'impact de ce crédit aux yeux du banquier sur la capacité d'endettement du couple

Pour rappel, 900€ c'est la mensualité de crédit du couple. Il faut donc présenter ce dossier avec une exploitation en Coliving.

Sachez que les projets montés en location courte durée sont difficiles à faire valider par les banques. Donc par défaut, montez votre projet en location longue durée.

Le fait de faire ce mouvement, permet au couple de garder une capacité de financement suffisante.

Imaginons que le couple gagne à deux 3145€/mois (Ce qui fait un revenu par personne de 1572.5€ par mois). Qu'ils n'ont pas de crédit à la consommation en cours pour faciliter les calculs. Imaginons qu'ils mettent leur maison en location en coliving. Quelle est leur capacité de financement restante ? Pour le calculer, il faut calculer leurs revenus et leur taux d'endettement.

a) Les Revenus du couple

Les revenus sont constitués du salaire et de 70% des loyers perçus. Soit 3145€ + 1120€ = 4265€.

b) La capacité d'endettement libérée

Le couple a toujours une mensualité de 900€/mois. Mais son revenu retenu est de 4265€. Maintenant calculons le nouveau taux d'endettement du couple : Il est de 21,1%. Il leur reste donc 592,83€ de mensualité empruntable. Alors qu'avant ce montage leur capacité d'endettement était de 200€/mois. Monter leur dossier en Coliving a donc fait augmenter leur capacité d'endettement.

Mais, comme ils sont sur un projet de résidence principale, ils peuvent faire partir des dérogations. Une dérogation signifie que la banque peut accepter de leur prêter au-delà des 35% de taux d'endettement si leur reste à vivre est suffisant.

La banque a droit à 20% des dossiers bancaires en dérogation. S'ils ont un dossier solide, qu'ils gèrent bien leur argent, qu'ils ont des sous de côté, ce dossier peut passer.

Ce n'est pas la méthode la plus simple à vendre au banquier. Car comme vous l'avez-vu, le fait que le couple soit déjà endetté affecte sa capacité d'endettement, malgré une exploitation rentable du bien. Ce qui limite le type de biens que le couple va pouvoir acheter pour avoir une plus-value. Car avec 592,83€ vous ne pouvez emprunter aux taux actuels que 124.000€. Si vous êtes dans une ville qui coûte cher, cette méthode ne marche pas. Vous devez utiliser la deuxième méthode.

Scénario 2 – Vous prétendez (ou vous le faites vraiment) que vous allez vendre votre résidence principale

Vous pouvez dire au banquier que vous avez besoin de changer de résidence principale pour tout un tas de raisons. Mais donnez-lui des raisons objectives et auxquelles il pourra croire assez facilement.

Par exemple :
- L'aîné entre bientôt au collège et on veut anticiper et se rapprocher du collège pour éviter qu'il ait trop de trajets à faire
- On a un terrain trop grand aujourd'hui, et on passe nos weekends à nous en occuper et on en voudrait un plus petit
- On habite trop loin des commodités, et c'est pénible au quotidien, on souhaite pouvoir tout faire à pieds

Choisissez une seule raison et martelez-la. N'essayez pas d'en choisir plusieurs, sinon vous allez vous emmêler les pinceaux, et le banquier va le détecter.

L'avantage de cette approche, c'est que au lieu d'avoir la mensualité de votre crédit actuel qui est prise en compte, elle est tout simplement effacée. Car pour le banquier, ce n'est pas un crédit que vous aurez une fois que le crédit principal que vous demandez vous aura été accordé.

Maintenant, à l'aide d'un cas pratique, regardons l'intérêt de cette méthode. Retrouvons notre couple qui a toujours 3145€ de revenus à deux et pas de crédit à la consommation.

Leur mensualité maximale pour le banquier est de 1100€/mois (assurance incluse). Ce qui implique un budget de 230.000€ pour réaliser ce projet aux taux actuels.

Comme il y a déjà un crédit en cours, le banquier va vous proposer un prêt relais.

Un prêt relais c'est un crédit que vous accorde le banquier pour financer le nouveau bien avant que vous ayez vendu le bien précédent. C'est un crédit sur une durée courte : 1 an, renouvelable 1 fois donc de 24 mois maximum.

Au bout de ces 24 mois, le remboursement automatique des mensualités de ce crédit commence. Cela que vous ayez revendu ou pas le bien pour lequel vous avez souscrit à un prêt relais. De plus, il n'est pas soumis à des indemnités de remboursement anticipé. Il fonctionne comme un prêt in fine. Ce qui veut dire que pendant la durée du crédit, vous n'allez rembourser que les intérêts d'emprunt et l'assurance emprunteur.

Et que vous rembourserez le capital à la banque en une fois au plus tard à la fin de la deuxième année de crédit. Vous devez bien avoir ça en tête au moment de faire votre choix. Car, une fois les deux ans écoulés, la banque exigera son remboursement ou entamera une procédure pour prendre de force votre bien immobilier. C'est donc extrêmement risqué de faire ça si de l'autre côté vous ne vendez pas votre maison actuelle.

Donc vous avez deux configurations ici :

a) Vous gardez votre résidence principale actuelle que vous adorez et vous la mettez en location (sans le dire au banquier). Vous achetez un bien que vous valorisez et revendez avant le terme des 2 ans. Si ça passe en terme de temps c'est un coup de maître. Si ça ne passe pas, c'est du stress à venir pour vous. Personnellement, je ne vous recommande pas de faire ça. ***Beaucoup trop risqué***

b) Vous commencez à chercher un bien à acheter, et une fois que vous l'avez trouvé vous mettez en vente votre résidence principale. Là vous êtes dans le meilleur des cas, et ça vous permet d'être plus zen par rapport au prêt relai

Mais au fait, comment le banquier calcule le montant de votre prêt relai ?

C'est un calcul simple. Le banquier va vous demander une estimation de la valeur de votre bien actuel. N'essayez pas de la gonfler, car les banques ont leurs propres équipes d'experts, et de plus elles ont leurs bases de données des montants des biens vendus. Donc si vous gonflez les chiffres, ils seront corrigés par le banquier.

Avec l'estimation de la valeur de votre bien, le banquier va décider de ne vous prêter que 70% du montant de la valeur de votre bien immobilier. Cela lui permet de se prémunir contre le risque que vous ne vendiez pas, et que par conséquent vous deviez baisser le prix.

Conclusion de cette partie : Vous avez découvert toutes les combinaisons possibles si vous montez votre dossier comme un dossier de résidence principale alors que vous êtes déjà propriétaires d'une résidence principale.

3.1.2 – Si vous présentez le dossier d'achat comme un investissement locatif

Ici, c'est l'angle d'attaque le plus naturel. Et c'est celui que je vous recommande. Car, si on implique sa résidence principale, les arguments sont moins naturels. Alors qu'en investissement locatif on peut être plus comment dire : Créatifs.

Quand on a une résidence principale, vouloir un investissement locatif c'est plus naturel pour le banquier.

Prenons le même couple que précédemment. Ils ont 900€ de crédit pour leur résidence principale. Des revenus de 3145€/mois. Ils ont donc un taux d'endettement de 900€/3145€ = 28.6%.

Imaginons qu'ils ont en vue un T2 qu'ils peuvent acheter à 90.000€ FAI avec 20.000€ de travaux.

Cette opération va leur coûter :
- Prix de l'appartement FAI : 90.000€
- Frais de notaire (à charge vendeur) : 6750€
- Travaux : 20.000€
- Frais de dossier bancaire : 300€
- Frais de garantie : 2000€

Soit un total de : 119050€. Ils décident d'apporter 20000€.

Imaginons que le montant de leur taux de crédit soit de 1.6% et celui de leur assurance de 0.4%. Cela leur donne une mensualité de 434€/mois sur 25 ans. Imaginons qu'ils peuvent louer ce bien à

1000€/mois en transformant ce T2 en T4 et en le mettant en colocation. Peuvent-ils faire financer ce bien ?

Il suffit de calculer le taux d'endettement après cette acquisition. Il se calcule de la manière suivante :

Somme des mensualités de crédit / (revenus + 0,7 x somme des loyers encaissés). Cela donne si on prend les chiffres de notre cas : (434€ + 900) / (3145 + 0,7x1000) = 34,69%. Donc ce projet est totalement viable, et la banque n'y verra aucun inconvénient.

C'est cet angle d'attaque que je vous recommande. Ensuite le dossier bancaire se monte comme n'importe quel dossier bancaire.

Le couple concerné, une fois le bien valorisé en T4, ils peuvent décider de revendre. Et le banquier ne pourra rien fait pour s'y opposer. Ils peuvent même se payer le luxe de faire le montage suivant.

Pendant la durée du différé, ils mettent le bien en location en colocation.

- Achat du bien : 119050€
- Différé de remboursement partiel : 24 mois
- Mensualité pendant le différé : 165 €/mois
- Loyer par appartement : 1000€
- Gain net : 700€/mois (en enlevant les charges et les impôts)

Au bout de 24 mois cela fait donc 700€x 24 = 16.800€ de cash qu'ils auront collecté sur le dos de la banque. Et c'est ça qu'ils auront en plus du cash gagné au moment de la revente.

3.2 - Comment présenter son dossier à la banque ?

Quand vous allez voir la banque, vous devez y aller comme le ferait un investisseur professionnel. Même s'il s'agit de votre banquier habituel, quand vous y allez pour parler business il doit sentir que vous êtes totalement en maîtrise.

Sinon, vous n'allez pas le rassurer. Et par conséquent, si votre banquier n'est pas rassuré, et que votre dossier est un peu limite, il ne prendra pas le risque. Ici nous ne sommes pas dans un livre sur le financement immobilier. Par conséquent, nous n'allons pas entrer dans les détails techniques sur les leviers qui font qu'un banquier dise oui ou non. Cependant, vous en saurez suffisamment pour faire mieux que 90% des aspirants investisseurs.

Maintenant, nous allons parler de la présentation de votre projet à votre banque, et de la structure à laquelle vous devez obéir.

3.2.1 - Vous

Même si c'est votre banquier depuis 20 ans, il ne vous connaît pas. Un banquier a entre 400 et 1000 clients. Alors il est humainement impossible qu'il se souvienne de tout. Par conséquent, vous devez lui rappeler.

- Qui vous êtes
- Votre statut matrimonial
- Votre métier dans la vie de tous les jours - et celui du conjoint si vous achetez à deux
- Ce qui vous pousse à investir maintenant
- Quelle est votre stratégie (évitez de lui dire, je revends dans 6 mois). A la place dites-lui que vous êtes dans une approche de construction d'un patrimoine de qualité à céder à vos enfants plus tard

3.2.2 - Le projet

Qu'est ce qui rend ce projet attrayant ?

Si vous essayez de vendre un projet de type investissement locatif au banquier voici les informations que vous devez imprimer dans la tête du banquier.

Ici, vous devez parler des chiffres clés du projet. Rentabilité brute, nette, taux de vacance locative. Mais aussi du mode d'exploitation retenu (sauf courte durée), et pourquoi ce mode d'exploitation. Et sur le moyen long terme, qu'est-ce que ce bien va devenir ? A combien vous achetez ce bien ? Comment vous comptez le valoriser ? Qui sont vos clients potentiels en location, et pourquoi ils viendraient louer chez vous ?

Si vous voulez présenter le bien comme un achat de résidence principale, voici ce sur quoi vous devez insister auprès du banquier.

Quelle est la localisation du bien ? Et en quoi elle est pertinente avec votre vie actuelle et votre vie future ?

Pourquoi ce quartier ? Qu'est-ce qu'il a de particulier qui contribuerait à valoriser le bien ?

A combien vous achetez le bien ? Quel est le prix du marché dans le secteur ? Si vous deviez louer (parce que vous êtes mutés ailleurs par exemple), à combien vous pourriez le louer ?

Toutes ces informations vont contribuer à crédibiliser votre approche auprès du banquier. Et c'est la manière de vous démarquer par rapport à tous les autres potentiels clients qui vont le voir au quotidien pour lui demander de l'argent.

3.2.3 - Le montage

Ce n'est qu'à cet instant précis que vous pouvez dire au banquier de quoi vous avez besoin. Quel montage vous voulez :
- Durée
- Avec ou sans apport
- Les conditions particulières que vous souhaitez

- ...

C'est dans cet ordre que vous devez présenter votre dossier. Sinon, le banquier ne comprendra pas où vous voulez en venir ni pourquoi vous demandez ce que vous demandez. Encore une fois, comme pour la négociation du prix, tout doit être logique pour le banquier.

3.3 - Conclusion

Vous avez vu que pour obtenir votre financement, vous devez présenter votre dossier au banquier comme une résidence principale si vous n'avez pas de prêt immobilier en cours, et comme un investissement locatif sinon.

N'étant pas dans un livre sur le financement bancaire, il est compliqué d'aller trop dans le détail de cette partie. J'ai cependant écrit un livre exprès sur ce sujet. Et j'ai même créé un simulateur exprès pour aider les investisseurs à décider eux même quel est le montage de dossier bancaire le plus adapté à leur situation.

Pour monter vos dossiers bancaires et contourner les problématiques du taux d'endettement, vous pouvez si vous le souhaitez, vous procurer mon livre sur le sujet. Investisseurs, obtenez enfin vos prêts immobiliers" sur Amazon. Pour cela il vous suffit de scanner le QR code suivant avec votre téléphone portable.

Dans ce livre vous allez retrouver tout ce que vous devez savoir pour :

- Négocier un taux bas avec la banque
- Convaincre le banquier de vous financer facilement
- Réduire le coût de votre crédit
- Identifier le montage le plus adapté à votre profil, avec par exemple comment neutraliser les effets négatifs de vos crédits en cours
- Identifier et corriger les points faibles de votre dossier bancaire avant d'aller voir la banque
- Calculer avec précision si le banquier dira oui ou s'il dira non
- Réaliser des montages avancés qu'ensuite vous pourrez proposer au banquier pour augmenter le capital que vous pouvez emprunter
- Emprunter sans apport pour vos projets

Et bien d'autres choses. C'est un livre écrit par un investisseur pour les investisseurs.

A ce stade dans le livre, vous êtes enfin prêts pour qu'on entre dans le détail des opérations d'achat revente. Encore une fois, je vous rappelle qu'on est dans le cadre de l'achat revente en tant que particuliers.

Par conséquent, les notions liées à la TVA, à l'impôt sur les sociétés, etc … On n'en parlera pas. Car comme particuliers, vous n'êtes pas concernés.

Partie 2 - Comment trouver des biens qui vont rapporter au moins UN an de salaire de cadre supérieur ?

Chapitre 4 – Créer son équipe de choc « gros argent »

Vous avez besoin des autres pour réussir votre projet immobilier. L'idée que vous allez tout seul dans votre coin tout faire, et y arriver est une fausse bonne idée.

4.1 - Le financement : Le nerf de la guerre dans la recherche – Devenir copain avec son banquier

Nous avons consacré un chapitre entier au banquier. Alors, nous n'allons pas revenir dans ces détails. Mais sachez que vous devez construire une relation personnelle avec votre conseiller. Un banquier se motive. Et si vous passez le voir uniquement pour lui demander de l'argent, et que vous ne prenez jamais aucun de ses produits, pourquoi il vous aiderait ?

4.2 – L'agent immobilier : Pas d'agent immobilier, peu de biens rentables

Vous devez savoir que les vendeurs ou les agents immobiliers sont sollicités tous les jours par :
- Des particuliers rêveurs : Ceux qui visitent des biens trop chers pour eux
- Des investisseurs débutants exaspérants : Ceux qui viennent les voir et bloquent les biens pendant des mois en cherchant un financement
- Des touristes : Les gens qui visitent juste pour visiter

- Des particuliers qui croient au père noël : Ceux qui croient qu'ils vont pouvoir faire une offre 100.000€ plus basse parce qu'ils le valent bien…

Et ça, ça les exaspère à un point que vous n'imaginez même pas. Alors, si vous voulez des deals intéressants, vous devez agir comme des pros.

Par conséquent, avant même de commencer à faire les visites, vous devez avoir bouclé votre financement bancaire. Car les agents immobiliers sérieux (ceux qui ont les bons deals), ils ne vont pas se contenter de "quel est votre budget ?". Ils rajouteront "Avez-vous un accord de principe de la banque" ?. Et s'ils vous sentent hésitants, ou s'ils sentent que vous mentez, alors c'est mort vous ne serez pas dans la liste de ceux à qui ils envoient des deals.

Et une manière de vous dire qu'ils ne vous prennent pas au sérieux, c'est de vous dire qu'ils ont déjà "beaucoup trop de clients comme vous qui attendent les deals". Et donc vous pouvez attendre longtemps, jamais ils ne vous appelleront !

Pareil, pour un propriétaire. Si deux dossiers se présentent : Un qui lui dit, si on se met d'accord, le financement ne sera pas un problème car j'ai un accord de principe. Et un autre qui lui dit "il faut que je consulte ma banque"… Il n'y a pas photo entre les deux.

Si vous voulez éviter de ruiner vos efforts, vous devez obtenir un accord de principe de votre banque. Ou alors, vous avez un moyen de calculer en toute indépendance votre capacité d'endettement. Un moyen qui vous rendrait certains que le projet que vous visez est réalisable.

Il peut être tentant de se passer de l'agent immobilier. De chercher soi-même. Je vous encourage à chercher aussi par vous-même. Mais, si vous vous coupez des agents immobiliers du secteur, vous ne verrez pas passer les meilleurs deals.

Ces deals sont réservés à un petit nombre d'investisseurs. La question est : Comment vous pouvez faire partie de ces investisseurs ?

La réponse est simple : Vous allez devoir investir du temps pour créer une relation avec les agents immobiliers de votre secteur. Pour cela, vous allez devoir aller les rencontrer en agence.

Ce que vous allez faire c'est d'identifier les agences immobilières du secteur où vous souhaitez investir. Une fois que vous les avez identifiées, allez sur place et demandez à rencontrer l'agent immobilier qui s'occupe spécifiquement de votre secteur.

Lors de la rencontre, présentez votre recherche et n'hésitez pas à le relancer. Pour cette partie on va s'arrêter là. Plus loin dans le livre vous découvrirez dans le détail quoi dire et comment le dire pour captiver son attention, et lui donner envie de travailler avec vous.

4.3 – Le géomètre expert. Celui qui va vous protéger du fisc... Et de vos voisins

Le géomètre expert c'est un peu comme un huissier. Dans le sens où tout ce qu'il écrit est opposable en justice. Cela signifie que s'il a placé une borne par exemple, elle ne peut être contestée par personne.

Pour trouver les experts géomètres qui connaissent parfaitement le secteur où vous souhaitez réaliser vos projets, il suffit d'aller... à la mairie.

Sur le panneau urbanisme, cherchez les déclarations préalables et les permis de construire, ou encore les permis d'aménager. Dans le lot, il y en aura qui auront été déposées par des géomètres experts. Il suffit alors de prendre leurs noms et de retrouver leurs coordonnées. Cette méthode permet de cibler des gens qui ont leurs entrées dans la mairie où vous pourriez réaliser vos projets.

Avoir leurs entrées veut dire que si un de vos projets est limite, ils peuvent parce qu'ils connaissent personnellement les décideurs, le faire passer. Alors qu'on aurait pu tout aussi bien vous dire non.

L'autre méthode consiste à chercher sur google. En tapant : Géomètre expert + nom de la ville concernée.

4.4 – L'artisan, celui qui vous permettra de passer des nuits tranquilles

Vous devez créer une relation de confiance avec deux artisans dans le BTP. Ces personnes doivent être compétentes et fiables. J'ai une méthode qui ne trompe jamais pour identifier les artisans qui sont fiables.

Je leur pose une seule et unique question : Comment tu ferais ce chantier si tu étais le propriétaire et que c'est toi qui prenait toutes les décisions ?

Un bon artisan sera force de proposition. Il vous donnera des solutions techniques pour résoudre des problématiques particulières que vous n'aviez peut-être même pas identifiées. Quand un artisan est force de proposition c'est un excellent signe.

Attention à un point quand même : Les artisans que vous faites travailler doivent être déclarés. Car en cas de blessure sur votre chantier, si l'artisan le fait au noir, s'il n'a pas les moyens de se soigner, cela vous retombera dessus. De plus, qui dit travail au noir, ou artisan auto entrepreneur dit gros problèmes d'assurances par rapport aux travaux effectués…

Ne prenez pas de risques inutiles. Travaillez avec des artisans qui ont des sociétés qui existent depuis au moins 3 ans. Et surtout qui n'ont pas un historique de liquidation judiciaire de leurs précédentes entreprises.

Conclusion :

Vous savez donc désormais qui sont les membres de votre équipe que vous devez recruter pour réussir vos projets. Il y aura bien sûr des artisans, etc … Mais si vous voulez enchaîner les opérations, ces 4 membres de l'équipe doivent être permanents. Vous devez tisser des liens avec eux.

Chapitre 5 – Comment trouver des biens qui rapportent gros

Qu'est-ce qu'un bien à "gros argent" (un bien qui rapporte gros) ? Un bien à gros argent c'est un bien sur lequel vous allez pouvoir appliquer des techniques de valorisation qui vont vous rapporter gros, tout simplement.

Attention, un bien à gros argent ce n'est pas forcément un bien rentable sur le plan locatif.

Donc vous devez vous sortir de la tête que vous devez raisonner comme un investisseur locatif. Sinon vous allez louper de vraie pépites. Donc dans ce livre, on ne parlera jamais de rentabilité locative car on s'en fiche un peu, ce qu'on veut c'est revendre.

L'idée est juste que vous ayez la capacité de financer le bien, même si le rendement brut est de 4.5% comme à Paris par exemple.

Le problème de la recherche, c'est que tout le monde procède exactement de la même manière. Et ça, ça tue le marché. Parce qu'il y a un véritable embouteillage sur les mêmes biens. Et c'est soit celui qui paye le bien cash qui gagne, soit le plus rapide. C'est la raison pour laquelle certains font plusieurs dizaines d'offres avant d'en avoir une seule gagnante.

Dans ce chapitre, nous allons voir des techniques de recherches faciles et adaptées aux particuliers. Les marchands de bien en ont d'autres plus poussées, mais qui prennent du temps de coûtent de l'argent. Le but de ce chapitre est de faire de vous les meilleurs dans la catégorie "particuliers", et de recevoir des offres hors marché par les agents immobiliers !

Nous n'allons pas couvrir les recherches sur les sites d'annonces, vous savez déjà faire.

5.1 - La meilleure manière (et la plus rapide) d'être accepté dans le club fermé des bonnes affaires de votre secteur

Vous allez devoir mouiller la chemise. Car les individus lamdas ne raisonnent pas en matière de partenariats. Ils pensent court terme. Par conséquent, ils vont se contenter de regarder des annonces sur leboncoin. Ensuite ils vont appeler les agences immobilières, et vont prendre rendez-vous. Le problème avec cette méthode ? Eh bien c'est simple : Tout le monde fait ça !

Sauf que les personnes à qui l'agent immobilier va envoyer les bonnes affaires sont les personnes qu'il connaît. Pas les personnes qui ont passé un coup de fil à un moment donné. Il va privilégier ses connaissances, et pas les gens qu'il ne connait pas. Je le répète : Si vous voulez des deals avec des annonces non publiées, donc avec moins de concurrence, vous allez devoir passer du temps avec les agents immobiliers du secteur qui vous intérese.

Pour vous en convaincre, laissez-moi vous raconter comment j'ai compris ceci. Il y a plusieurs années (nous étions en 2016), je cherchais à réaliser mon premier investissement locatif. Comme de nombreux débutants, j'écumais les annonces sur les sites tels que leboncoin, seloger.com, ... Mais habitant dans une ville tendue, je vivais souvent l'expérience suivante.

Le matin, à 09h00 je recevais des alertes sur les nouveaux biens postés sur des sites (leboncoin, seloger, ...) sur mon adresse mail. A 10h30 au moment de prendre une pause-café, je consultais les biens, et si le bien convenait en terme de budget et d'emplacement, j'appelais. Dans 100% des cas, les biens étaient déjà vendus. Ou alors si par miracle j'obtenais une visite entre 12h et 14h, souvent j'avais le créneau 13h30-14h00 car plein de gens étaient déjà positionnés. Mais en général à 13h10, l'agent immobilier m'envoyait un message pour annuler ma visite car le bien était déjà vendu.

Ça a duré des mois. Alors plutôt que de me décourager, j'ai commencé à tout miser sur le weekend. Alors le samedi à 08h00 j'étais dans les starting blocks. J'analysais les annonces et j'appelais dès 09h les agents immobiliers. Alors j'ai commencé à visiter. Je n'avais pas d'expérience à l'époque, donc parfois ils me montraient des biens à fort potentiel, mais je ne savais pas les détecter car effrayé par les travaux, pas trop sûr de la valeur du secteur, ... Sauf que dès qu'un bien entrait un peu dans mes critères, je faisais une offre.

Et même en faisant des offres au prix, elles étaient refusées dans 100% des cas. Car, il y avait toujours quelqu'un avec plein de moyens qui payait cash l'appartement. J'étais dans une situation insoluble. Mais comme je n'étais pas découragé et toujours motivé, j'ai fini par accrocher avec pas mal d'agents immobiliers. Et en allant prendre un café avec un après une visite, il m'a dit. "Vous êtes bien motivé pour un jeune. J'aurai aimé commencer à votre âge à investir. Le prochain que j'ai, il sera pour vous".

Pour être franc, je ne le croyais pas du tout. Mais une semaine plus tard, il m'appela vers 17h. "Monsieur Dupuis, j'ai une super affaire. Vous devriez la visiter rapidement. L'annonce n'est pas encore parue. Elle sera publiée demain. C'est un désistement d'acquéreur. Le bien revient à la vente. Vous pouvez venir visiter ?".

On a pris rendez-vous à 18h devant l'immeuble. Et on a visité le bien dans la pénombre. Heureusement qu'on était en été, sinon ça aurait été compliqué d'y voir quelque chose. Le bien était inhabité depuis 1 an. Et il était avant loué à des étudiants. La propriétaire souhaitait s'en débarrasser pour acheter sa résidence principale. L'appartement faisait 25 m², et était présenté à un prix d'un peu moins de 107.000€ FAI. Pour l'un des quartiers les plus demandés par les parents pour loger leurs enfants étudiants en grandes écoles, ou par les jeunes actifs, c'était une sacrée aubaine.

J'ai fait une offre au prix. Et l'agent immobilier m'a fait remplir un document de son agence. On n'a mis ni date de visite, ni d'heure. Il allait juste compléter le lendemain le document dans son agence avec pour date de visite la date de parution de l'agence. Et l'heure de visite, 09h00. Ainsi personne ne pouvait me passer devant.

C'est comme ça que j'ai gagné mes premiers 43.000€ Net/Net en achat/revente (plus de 60.000 € de marge brute sur cet achat revente en comptant le capital amorti durant la période de possession du bien).

Et ça a fait tilt dans ma tête. C'est les agents immobiliers du secteur qui font votre fortune. Bien sûr vous pouvez trouver par vous-même, mais jamais vous n'aurez en volume la quantité nécessaire. De plus en cherchant par vos propres moyens, cela va vous demander de l'énergie, beaucoup d'énergie. Et vous n'aurez pas les offres de bien hors marché, qui sont les plus intéressantes.

Alors vous devez aller les voir. Vous devez les connaître. Vous devez vous montrer sympas. Même si vous ne prenez pas un bien, expliquez-en quoi il ne correspond pas avec le sourire. Rappelez-les pour les relancer en mode "Qu'avez-vous pour moi cette semaine ?". Invitez-les à prendre un café pour échanger sur l'immobilier du secteur, les conseils qu'ils pourraient vous donner...

Les agents immobiliers ont un intérêt : Leur commission d'agence. Ils sont pour la plupart indépendants, donc il faut qu'ils vendent régulièrement pour vivre de leur activité. Alors ils ont des catégories de clients qu'ils fuient comme la peste :

- **Les indécis :** Ceux qui ne se sont pas mis d'accord (avec eux même, ou s'ils achètent à plusieurs entre eux) sur les critères et qui vont donner des critères, puis changer d'avis tout le temps. Cela signifie des dizaines de visites pour rien

- **Ceux qui ont les yeux plus gros que le ventre :** C'est les clients qui ont un faible budget, mais qui veulent des prestations largement au-dessus de leurs moyens dans le secteur visé. Si vous arrivez en espérant faire des négociations de 50.000€ alors que vous êtes un particulier et que le bien est en parfait état, vous aurez beaucoup de mal à être pris au sérieux par l'agent immobilier. Sauf si vous cherchez uniquement des biens en quasi ruine à retaper vous-même

- **Les peureux :** Ceux qui ont besoin de faire visiter le bien à toute leur famille et à tous leurs amis avant de se décider. Vous pouvez faire une contre visite, mais n'en organisez pas 50… Car les autres acquéreurs eux se positionneront à la fin de leur visite. Car ils ont l'expérience de la rareté des bonnes affaires. De toutes les façons, pour les bonnes affaires vous allez faire une offre, et vous n'aurez pas la possibilité de contre visiter avant la signature du compromis
- **Ceux qui visitent pour se faire une idée :** C'est la pire case dans le classement d'un agent immobilier. Car ils cumulent les inconvénients de toutes les catégories précédentes

Ne soyez dans aucune des 4 catégories précédentes. Sinon les agents immobiliers vous black listeront. Vous ne pouvez pas vous permettre de vous mettre à dos tous les agents immobiliers de votre secteur.

Mais juste être sympathique ne suffit pas. Dans votre communication, de manière subtile (ou pas selon votre tempérament), voici les messages que vous devez faire passer à l'agent immobilier :

- Vous savez ce que vous cherchez
- Votre plan de financement est OK
- Vous pouvez être réactifs pour visiter, même après le travail, entre midi et deux, etc. C'est le critère le plus important pour l'agent après votre financement
- Si un bien vous intéresse, vous pourrez vous positionner dessus rapidement

5.2 - Ce pourvoyeur de bonnes affaires auquel personne (ou presque) ne pense jamais

La plupart des gens ne vont voir leur notaire que pour réaliser des actes. Sauf que le notaire a aussi un rôle de conseil. Mais pour avoir des conseils encore faudrait-il les demander... Le pire c'est que la plupart des conseils de votre notaire sont gratuits. Vous le payez souvent quand il réalise un acte. Alors n'hésitez pas à l'appeler pour lui poser des questions juridiques !

Sachez que les notaires mettent en vente aussi des biens immobiliers. En général il s'agit des biens qui sont issus de succession, de personnes âgées qui vendent avant de partir en EHPAD. De divorces (plus rarement mais ça arrive) ... Il suffit de dire à votre notaire ce que vous cherchez, où vous cherchez, et votre budget. Et lui demander de vous tenir informé en cas d'annonces intéressantes. Vous n'avez pas idée du nombre de biens que peut dénicher un notaire via son réseau de confrères.

5.3 - Chasser soi-même les bonnes affaires comme un excellent agent immobilier

Vous êtes-vous déjà demandés comment font les agents immobiliers pour dénicher les biens ? La réponse est simple : Ils vont les chasser.

5.3.1 - Si votre projet porte sur une maison

Faites comme les agents immobiliers. Allez dans la rue ou le quartier qui vous intéresse, et déposez un mot dans les boites aux lettres des maisons qui vous intéressent. Le mot que vous déposez dans la boite aux lettres doit ressembler à cet exemple.

"Particulier recherche une maison à acheter dans le secteur.

Madame, Monsieur,

Je souhaite m'installer dans le secteur. Et je suis à la recherche d'une maison. Et à ce titre, j'aimerai savoir si vous êtes disposés à la vendre. J'ai déjà un logement, donc je suis prêt à une vente longue. Par conséquent, même si vous n'avez en projet que de vendre dans 12 mois, si je le bien me convient, je suis prêt à attendre.

Si vous êtes intéressés, vous pouvez me joindre sur mon portable au Numéro de téléphone suivant : ou alors contactez-moi sur mon adresse mail à **charles_dupuis@votremail.com** .

Cordialement,

Charles Dupuis".

Et vous signez la lettre.

Analysons ce message afin que vous compreniez l'esprit la logique et ce qui a de l'importance.

Dans le titre, pourquoi mettre "particulier" ? Parce que la plupart des gens détestent vendre à des marchands de biens, des promoteurs ou à des investisseurs. Est-ce par jalousie, ou pour d'autres raisons, je n'en sais rien. Mais vous perdez des points si vous vous présentez comme marchand de bien, ou comme investisseur. Et s'ils acceptent de vous vendre le bien en tant qu'investisseur, ils essayeront de vous vendre plus cher que le prix du marché. Ce n'est donc pas dans votre intérêt.

Si le particulier vous demande ce que vous comptez faire du bien, même si ce ne sont pas ses affaires, dites-lui que vous allez faire votre résidence principale. Une fois que vous avez sécurisé le bien et que le rendez-vous du compromis est pris chez le notaire, vous pouvez décider de changer d'avis et faire un autre projet à la place. Et ainsi, vous mettrez les bonnes conditions suspensives.

Et parfois, si vous êtes trop honnêtes, le particulier peut décider de refuser de vous vendre et copier votre idée. C'est ce qui m'est arrivé une fois sur un dossier. J'en avais trop dit au propriétaire des lieux.

Je visitais une grange à aménager en habitation. Et le propriétaire des lieux vendait car il avait un domaine énorme, et il avait besoin d'argent pour réaliser les travaux d'entretien du toit de son domaine. Il m'a demandé ce que je comptais faire du bien, si je comptais l'habiter. J'ai répondu non. Je lui ai dit que j'allais rénover la grange, et découper le terrain pour le vendre à part.

L'annonce a disparue du site leboncoin le soir même. Et deux semaines plus tard, la grange est revenue à la vente, avec moins de terrain. Et un terrain au même endroit a fait son apparition. Je m'en suis voulu d'avoir trop parlé. Il avait repris mon idée et l'avait implémentée.

Vous aurez beaucoup de réponses négatives. Mais si une personne vous dit oui c'est jackpot. Car vous allez pouvoir discuter en direct avec le vendeur, pas besoin d'agent immobilier. Et vous pourrez ainsi faire des économies.

5.3.2- Si votre projet porte sur un appartement

Si vous cherchez un appartement à acheter, vous pouvez comme pour les maisons déposer des mots un peu au hasard dans la rue. La même stratégie peut marcher. Sauf qu'il y a infiniment plus d'appartements que de maisons dans une rue, et qu'en papier et en encre, ça peut finir par coûter cher.

Alors, voici une seconde méthode pour mieux cibler les endroits où vous aurez le plus de chances de dénicher des vendeurs qui veulent vendre. Et pour ça, vous devez connaître une règle de droit assez simple : Quand une copropriété va réaliser des travaux, et que l'entreprise qui intervient va devoir empiéter sur la voie publique (benne à gravats, échafaudages, etc.), elle doit demander une autorisation à la mairie.

La mairie va ensuite accorder cette autorisation. Et elle va publier sa décision sur les panneaux d'affichage de l'urbanisme de la ville. Le plus beau dans tout ça, c'est que vous avez l'adresse de l'immeuble concerné.

Il vous suffit ensuite de prendre vos papiers et d'aller devant cet immeuble. Ensuite, vous sonnez dans un appartement (exemple le 15), et vous dites que vous avez du courrier pour l'appartement 5 et que la personne ne répond pas. Est-ce que le 15 peut vous ouvrir afin que vous puissiez déposer le courrier concerné ?

La personne vous ouvre vous déposez les courriers, et vous partez. Et là, il suffit d'attendre qu'on vous rappelle. Les agents immobiliers quand ils vont en prospection, procèdent ainsi.

Vous devez savoir que les gens quand il y a des gros travaux de copropriété n'ont pas toujours forcément la trésorerie pour payer. Alors la tentation de vendre est souvent très forte !

Chapitre 6 – Comment choisir LA pépite

Pour réussir votre prospection, vous devez faire un plan. A savoir déterminer dans quel secteur vous allez prospecter. Mais s'il n'y avait que ça serait trop facile. Car il y a une étape même avant celle-là que tout le monde néglige.

Quand vous voulez faire de l'achat revente, vous devez savoir qui achète dans le secteur et pourquoi. Si vous savez répondre à ces deux questions, vous allez savoir quels sont les secteurs qui valent la peine, et quels sont ceux qui ne valent pas le coup que vous vous y attardiez.

Tout se vend en immobilier, c'est juste une question de prix. Mais vous ne voulez pas vous retrouver dans un lieu qui a des biens qui mettent des mois avant de trouver preneur. Vous cherchez des lieux qui vont faire que les acquéreurs vont littéralement se battre pour avoir la chance d'être choisis par vous.

Vous avez donc besoin de connaître :

- Le revenu moyen des acquéreurs dans le secteur
- Ce qui est intéressant dans le quartier (Sa localisation dans la ville, la proximité avec un gros bassin d'emploi de la ville, ou de la fac du coin…)
- Quel est l'âge moyen de ceux qui achètent là (Est-ce que ce sont des jeunes actifs, des familles ou des retraités ?)
- Quels sont les points d'intérêts dans le quartier (école primaire, collège, restaurants, salle de sport, magasins alimentaires, piscine, marché de plein vent, bars…)
- Les petits plus du bien (bien avec un extérieur, …)
- Les transports en commun
- La facilité de stationnement

Les gens achètent pour deux raisons :

- Résidence principale
- Investissement locatif

Et les éléments précédents ne sont pas les mêmes selon l'âge, ou le type de projet des personnes qui achètent. Par exemple, à 25 ans on a besoin d'être en centre-ville, de pouvoir sortir faire la fête et rentrer facilement chez soi. Par conséquent, la facilité de stationnement va être moins importante que le fait d'accéder aux endroits à la mode à pieds le soir.

Est-ce qu'il y a des gens qui n'achèteront pas là ? Oui. Mais eux ne sont pas vos clients. Vous ne cherchez pas à séduire des personnes âgées, ou des gens casaniers, ce ne sont pas vos clients. Prenons un exemple pour être concret. Quand j'ai acheté l'appartement que j'ai revendu à 175.000€, le quartier où je faisais mes recherches avait les caractéristiques suivantes :

- Nombre d'étudiants faisant leurs études à moins de 15 minutes à pieds de l'appartement : 11.000
- Âge moyen des acquéreurs : 29 ans
- Croissance moyenne de la population dans le quartier : +10% depuis 2012
- Type de ménage majoritaire : Célibataires (personnes habitant seules) 64%
- Type de ménage majoritaire par genre : 60% des personnes habitant seules sont des femmes
- Pourcentage de logements en HLM : 4%
- Pourcentage d'actifs (15-64 ans) ayant un emploi : (Nb : au sens de l'Insee les étudiants ne cherchant pas un emploi, ils sont considérés comme en ayant un) 83%
- Taux de chômage : 17%
- Taux de CDI chez les travailleurs : 74%
- Taux de locataires par rapport aux propriétaires : 73%
- Revenu moyen par individu adulte par foyer : 25.300€ net par an soit 2108€/mois net
- Distance entre le cœur de ville et cet appartement : 10 minutes à pieds
- Distance entre le parc de l'hyper centre et cet appartement : 7 minutes à pieds
- Distance entre le métro et cet appartement : 2 minutes à pieds
- 4 arrêts de bus à 3 minutes à pieds de l'appartement

- Distance entre une grande surface et cet appartement : 3 minutes à pieds (en prenant son temps)
- Appartement situé en premier étage sur rue à sens unique
- Des restaurants (sushi, mc do, Starbucks, pizzeria, gastronomiques, étoilés) ... A moins de 10 minutes à pieds de l'appartement
- Une salle de sport à moins de 3 minutes à pieds de l'appartement

Ce que je sais du quartier : Toutes les rues ne se valent pas. Et il y a des secteurs à éviter. Comme je connais la zone, je sais où je dois éviter d'acheter. De plus, le quartier est un quartier huppé, et la moyenne des revenus semble basse car il y a plein d'étudiants qui habitent dans le coin.

De plus, l'un des meilleurs lycées de la ville est le lycée de secteur de ce quartier. Et les parents dont les enfants sont au collège et qui veulent les inscrire dans le lycée de secteur vont acheter un appartement en locatif dans le coin. De manière à avoir une taxe foncière avec une adresse dans ce secteur, pour garantir l'entrée de leur enfant dans ce lycée.

C'est ainsi que malgré le prix à 7000€/m², je me suis littéralement fait harceler. Les locataires étaient des profils :

- Etudiant avec ses parents
- Stagiaire
- Jeune actif

Les profils des acquéreurs au moment de la vente :

- Jeunes actifs
- Multi investisseurs patrimoniaux
- Parents voulant inscrire leurs enfants dans le lycée de secteur
- Investisseurs débutants désespérés car personne ne veut leur vendre dans le secteur

J'avais fait un super produit. Pour faire simple, j'avais fait l'appartement que je rêvais d'avoir quand j'étais étudiant. Un T2 cocon, coloré qui battait tous les autres. Je l'ai loué à une étudiante qui venait faire son stage de fin d'étude. Et elle a gardé son appartement jusqu'à ce que je le revende. Jamais un loyer de retard. Et j'ai vendu à un couple de débutants, à qui tout le monde refusait de vendre (pas par manque moyens, une des deux était cadre sup dans une banque, et l'autre Directrice innovation d'un grand groupe pharmaceutique), mais parce que sur le terrain personne ne les connaissait.

Et elles ont tellement aimé l'appartement que je leur ai donné. Et surtout, la mère quand elle a dit "je vois parfaitement ma fille vivre ici dans quelques années", ça m'a touché.

En tout pour louer il m'a fallu 3 visites. Et au moment de vendre, j'ai fait 5 visites pour 4 offres supérieures au prix ! J'avais initialement mis le bien à 173.500€. Mais les acquéreurs voulaient tellement le bien qu'ils ont été 4 à me faire une offre à 175.000€ et plus. Mais j'ai donné l'appartement au couple qui m'avait touché pendant les visites. Je me suis retrouvé en elles quand j'ai débuté… Et personne ne voulait me vendre. Et pourtant ça n'avait rien à voir avec ma capacité à financer le bien.

Vous devez vous dire que c'est bien beau tout ça, mais où trouver les chiffres clés ? Eh bien c'est facile. Vous allez sur le site :
- http://www.kelquartier.com/ : Il est bien pour avoir des informations rapides sur un quartier
- Le site web de votre mairie : Parfois les mairies font appel à l'Insee pour faire une analyse d'un quartier. Et quand l'Insee bosse c'est vraiment top, et un immense gain de temps
- Google : Pour cela saisir la requête Nom_du_quartier + chiffres clés . Et faites le tour des sites pour comprendre à qui vous aurez affaire dans ce secteur.

Si vous prenez la peine d'analyser ce qui vous aurez en face, vous saurez à qui vous allez vendre. Et si vous savez à qui vous allez vendre, vous saurez ce qui pourrait leur plaire. Et vous choisirez le bien placé à l'endroit où ils fantasment tous d'habiter.

De plus, en connaissant vos clients cibles, vous saurez quels types de biens pourraient les intéresser. Dans mon cas, ayant une grosse proportion habitant seule, faire un T2 était totalement indiqué. Si les foyers majoritaires dans le quartier c'était des familles avec 2 enfants, mon choix aurait dû se porter sur un T4. Vous comprenez la logique ?

Maintenant, comment arriver à négocier le bien sans braquer le vendeur ? Ça tombe bien, c'est l'objet du prochain chapitre.

> **J'ai besoin de votre aide.**
>
> Si ce n'est pas déjà fait, pourriez-vous s'il vous plait prendre 1 minute de votre temps pour commenter ce livre sur Amazon ?
>
> Une fois que c'est fait, envoyez-moi un email avec la capture d'écran sur **support@construction-neuve.fr** pour recevoir un cadeau surprise pour vous aider dans vos projets gros Argent.
>
> Merci.
>
> Charles Dupuis.

Chapitre 7 – Comment négocier pour payer moins cher… Même si on débute

La base pour maximiser votre profit va être de demander au vendeur une contribution. Car plus vous achetez cher, moins élevée sera votre marge. Sauf si vous réalisez certains projets spécifiques que nous verrons plus tard. Dans ce cas, même payer au prix fort n'est pas tellement dérangeant.

Mais votre état d'esprit de base doit être celui de la baisse de prix. Et des montages qui vont maximiser votre bénéfice. La question que vous êtes en droit de vous poser c'est la suivante : Comment faire pour que le vendeur accepte de baisser son prix ?

Nous sommes dans un livre sur l'achat revente, et la négociation est un sujet tellement vaste…que ça nécessiterait un livre entier. Par conséquent, dans ce chapitre vous allez découvrir les points auxquels vous devez faire attention. En fin de chapitre je vous indiquerai comment aller plus loin.

7.1 - Quels sont les styles de négociation vous devez éviter ?

La plupart des acquéreurs quand ils veulent entrer en négociation, ils se croient obligés d'être désagréables. Alors ils vont passer la visite à critiquer le bien, à être de mauvaise foi. A être presque agressifs envers le vendeur.

L'idée doit sans doute être de faire que le vendeur dévalorise son bien. Sauf que la plupart des vendeurs savent quelle est la valeur de leur bien immobilier. Et bien pire, les vendeurs ont souvent un lien affectif avec leur bien immobilier. Alors y aller fort sur la critique de leur bien c'est comme les insulter eux. Alors ils vont mal le prendre.

Et au moment de prendre la décision de à qui ils vont vendre, ils vous le feront payer. Pour que vous compreniez ce levier psychologique, voici une analogie qui devrait vous parler. Imaginez que vous voulez séduire quelqu'un. Et vous passez votre temps à critiquer cette personne. Puis à la fin vous lui dites qu'elle vous intéresse. Quelle cohérence avez-vous ? L'avez-vous mise dans une situation où elle pourra dire oui ?

Bien sûr que non. Vous l'avez braquée.

Le vendeur c'est exactement la même chose. Alors, vous ne devez surtout pas passer votre temps à critiquer un bien que vous visitez. Cela ne veut pas dire ne pas remarquer ce qui ne va pas, mais au contraire, le présenter d'une manière bienveillante.

7.2 - Quelles sont les raisons qui poussent un vendeur à vendre ?

Les raisons principales d'une vente sont :

1. Changement dans la situation de la famille (arrivée d'un enfant pour les couples jeunes, départ des enfants pour les couples âgés)
2. Changement du lieu de résidence à cause d'un facteur externe : Exemple - Se rapprocher du collège ou du lycée pour les enfants, se rapprocher du lieu de travail, changement de région, ...
3. Changement dans le parcours de vie : Séparation entre des conjoints, ...
4. Drame : Décès d'un des propriétaires ou situation financière intenable

Cela vous donne une première clé de la psychologie du vendeur :

Le timing. Plus un vendeur est pressé, plus il sera enclin à négocier car il a une date butoir. Pour les héritiers par exemple, c'est la date du paiement des frais de succession. Pour les séparations c'est le plus tôt possible, etc ...

Le deuxième élément de psychologie du vendeur c'est **l'attachement au bien**. Plus un vendeur est attaché à son bien, moins il sera enclin à négocier. Parce que le bien vaut plus pour lui, que la valeur que le marché lui attribue. Par exemple, quelqu'un qui hérite d'un bien acceptera plus facilement une grosse négociation qu'un couple de personnes qui a fait construire une maison, a élevé ses enfants dans ce bien et qui veut prendre sa retraite.

Le troisième élément de psychologie du vendeur c'est **son besoin d'argent**. Plus un vendeur a besoin d'argent, moins il sera enclin à négocier.

Le quatrième élément de psychologie du vendeur c'est **l'importance pour lui de son projet une fois qu'il aura vendu.** Un couple qui se sépare sera pleinement satisfait si la vente se fait rapidement et pour ça ils sont prêts à accepter une offre moins importante.

Le cinquième élément de psychologie du vendeur c'est la **qualité de son bien**, et la **force de la demande dans le secteur**. Plus vous avez un bien parfait, bien situé dans un secteur très demandé, moins vous pourrez négocier. Mais d'un autre côté, plus un vendeur a son bien dans les bras depuis longtemps, plus il sera prêt à accepter une négociation.

Il y en a d'autres, mais ces points sont les principaux. Alors pendant votre visite, vous devez être capables en plus du fait d'évaluer le bien, de comprendre le contexte qui se cache derrière la vente du bien.

Si vous ne connaissez pas le contexte, vous vous privez d'éléments importants au moment de prendre votre décision. Imaginez que vous découvrez que ça fait 2 ans qu'un bien est à la vente. Est-ce que vous allez faire une offre au prix ? Je ne crois pas. D'une part, vous serez encore plus vigilants sur la qualité du bien (si personne n'a acheté, il y a un loup…), et d'autre part, vous n'aurez aucun état d'âme à faire une offre basse.

7.3 - Comment déterminer le prix maximal auquel vous devez faire une offre ?

Au moment où vous allez entrer en négociation, sachez qu'il y a une règle : Vous devez définir votre prix maximal auquel vous êtes prêts à aller. Le deal avec le vendeur doit se faire de manière à ce qu'à la revente votre prix maximal de revente permette de compenser tous les frais plus votre marge. Vous devez par conséquent écrire (pour vous même) quelque part, combien vous êtes prêts à mettre sur la table. Et si on est un euro au-dessus de ce prix, alors vous n'irez pas.

Sachez que le coût maximal, est composé du :

- Prix du bien
- Coût des frais d'agence
- Coût des frais de notaire
- Coût des frais d'éviction ou de relogement du locataire*
- Coût des travaux
- Coût de la prestation de décoration / Home staging**

*Les frais d'éviction du locataire, c'est une somme d'argent que vous allez proposer au locataire du logement afin qu'il parte. Cela vous permet de vendre plus rapidement l'appartement. Attention quand même certains locataires sont vraiment gourmands.

Prenons un cas qui m'est arrivé. Un locataire m'avait demandé 15.000€ pour partir, alors qu'il vivait dans un taudis insalubre doublé d'une passoire thermique. Alors que je lui proposais de prendre en charge 1 an de loyer dans son nouveau logement à concurrence de son loyer dans l'appartement que je voulais racheter. Soit 5400€ et 600€ pour l'aider dans le déménagement. Soit 6000€ au total. Pour tout locataire normal, c'est une offre irrésistible. Pas pour celui-là (à presque 40 ans c'était encore maman qui payait son loyer …).

Je savais d'après mes calculs (je connais parfaitement le quartier, et l'appartement j'en aurai fait un T2 que je n'aurai eu aucun mal à revendre au prix fort). Mais le locataire m'a vite saoulé. C'était un cas social qui avait tellement délabré l'appartement qu'il avait rendu fou le propriétaire. Le problème c'est qu'il ne pouvait pas l'expulser, car il (ou plutôt maman) payait son loyer. L'appartement est en vente depuis 2 ans au moment où j'écris ces lignes. Tous les acquéreurs potentiels se sont désistés à cause de ce locataire.

Pour avoir regardé avec un avocat spécialisé, je n'avais aucune option à part acheter et attendre la fin du bail. Il m'avait déconseillé d'attaquer le locataire en justice, le risque étant de le braquer et qu'il ne paye plus son loyer.

Ensuite, au moment de la fin de son bail ne pas le renouveler, et s'attendre à ce qu'il squatte sans payer pendant 1 an encore… D'après mes calculs si je voulais cet appartement il m'aurait fallu attendre 4 ans pour me débarrasser de ce locataire. Je n'avais aucune envie de m'embêter à gérer ça. En dépensant de l'argent dans des procédures aléatoires avec les délais de la justice toujours aussi longs.

** La prestation d'un décorateur ou d'un home stager n'est pas obligatoire si vous avez suffisamment de bon goût vous-même. Mais si ne vous vous en sentez pas capables c'est une prestation que vous pouvez budgétiser. Par contre si vous revendez tout de suite à la fin des travaux, alors avoir un home stager qui vous loue ses meubles pour les visites ça vous fera vendre plus vite. Car les appartements bien décorés attirent plus que les appartements vides.

Votre offre maximale pour le bien doit donc être : Prix minimal de revente - frais d'agence - frais de notaire - frais d'éviction ou de relogement du locataire - coût des travaux - coût de la prestation de décoration / home staging - Marge brute que vous souhaitez faire.

Prenons un exemple concret pour que ce soit plus clair.

Vous êtes intéressés par un appartement. Vous ne souhaitez pas l'habiter avant de le revendre. L'appartement est présenté avec les chiffres suivants :

- Prix du bien : 145.000€
- Frais d'agence : 8700€
- Frais de notaire : 10.900€
- Frais d'éviction du locataire : 0€ (Appartement vide)
- Coûts des travaux : 35.000€ (prenez toujours la fourchette haute, et rajoutez 10% d'imprévus)
- Coût de la prestation de décoration / Home staging : 2000€
- A la fin des travaux vous pouvez revendre l'appartement 220.000€
- Vous souhaitez une marge nette (dans votre poche) de 30.000€ minimum *

Attention, il y a deux marges.

- La marge brute : C'est ce qu'il vous reste en poche une fois que vous avez tout payé avant prélèvement des impôts sur la plus-value par l'Etat
- La marge nette : C'est ce qu'il vous reste en poche une fois que le notaire a prélevé le montant de la plus-value immobilière versée au fisc

Maintenant, comment passer de la marge nette à la marge brute ? Eh bien c'est assez simple. Mais pour ça vous devez comprendre que le montant de la plus-value que vous allez payer est constitué de deux paramètres.

- Des impôts (19% du montant)
- Des prélèvements sociaux (CSG/CRDS 17,2%)

Soit un total avant abattement de 36,2%.

Afin que ce soit concret, regardons le tableau suivant.

Durées de détention en années	Abattement sur l'IR (19%)	Abattement sur les prélèvements sociaux	Pourcentage des droits à payer (IR+CSG/CRDS)
Avant 5 ans	0%	0%	36,2%
6 ans	6%	1,65%	34,78%
7 ans	12%	3,30%	33,35%
8 ans	18%	4,95%	31,93%
9 ans	24%	6,60%	30,5%
10 ans	30%	8,25%	29,08%
11 ans	36%	9,90%	25,66%
12 ans	42%	11,55%	26,23%
13 ans	48%	13,20%	24,81%
14 ans	54%	14,85%	23,39%
15 ans	60%	16,5%	21,96%
16 ans	66%	18,15%	20,54%
17 ans	72%	19,8%	19,11%
18 ans	78%	21,45%	17,69%
19 ans	84%	23,10%	16,27%
20 ans	90%	24,75%	14,84%
21 ans	96%	26,4%	13,42%
22 ans	100%	28%	12,38%
23 ans	100%	37%	10,84%
24 ans	100%	46%	9,29%
25 ans	100%	55%	7,74%
26 ans	100%	64%	6,19%
27 ans	100%	73%	4,64%
28 ans	100%	82%	3,10%
29 ans	100%	91%	1,55%
30 ans	100%	100%	0,00%

* Ces données sont les données en cours de la loi fiscale valable au moment où j'écris ces lignes. A savoir en 2022. Renseignez-vous sur les changements apportés par les lois de finance à ces chiffres. Notamment le taux de prélèvement sociaux est ce que les gouvernements aiment bien augmenter.

Vous avez trois colonnes dans ce tableau :

- Une colonne durée de détention
- Une colonne abattement sur l'IR (impôt sur le revenu)
- Une colonne abattement sur les prélèvements sociaux

Comme dit plus haut, le taux de base de l'impôt sur le revenu est de 19% et celui des prélèvements sociaux est de 17.2%. Ces taux ne sont pas valables si vous revendez votre résidence principale. Donc la résidence principale est la meilleure niche fiscale en immobilier.

Si vous revendez avant 5 ans de détention un bien qui n'est pas votre résidence principale, vous n'avez aucun abattement fiscal. Vous devez donc payer 19% + 17.2% = 36.2% d'impôts sur la plus-value.

Maintenant imaginons que vous revendiez au bout de 10 ans. Vous avez droit à :

- 30% d'abattement sur les 19% d'impôt sur le revenu. Donc vous allez payer 19% x (100% - 30%) = 13.3% d'impôts sur le revenu
- 8,25% d'abattement sur les prélèvements sociaux. Donc vous allez payer 17.2% x (100% - 8,25%) = 15,78%

Soit un total de 13,3% + 15,78% = 29.08%

C'est comme cela que sont calculées les valeurs que vous avez dans le tableau. Maintenant que vous savez le pourcentage de plus-value que l'Etat vous prélèvera, vous pouvez aisément passer de la plus-value nette à la plus-value brute et vice versa.

Voici les formules.

Plus-value nette = (100% - Pourcentage d'impôts sur la plus-value) x Plus-value brute

Plus-value brute = Plus-value nette / (100% - Pourcentage d'impôt sur la plus-value)

Ps : C'est vous qui fixez le montant de plus-value nette que vous voulez avoir dans votre poche. Et c'est ça qui vous donnera le montant de la plus-value brute.

Si on revient à notre cas. On revend après moins de 5 ans de détention. Et on veut 30.000€ minimum de marge nette. Par conséquent, il faudrait payer 36.2% d'impôts sur la plus-value. Avec ces deux informations il ne reste plus qu'à appliquer la formule de la plus-value brute.

Plus-value brute = 30.000€ / (100% - 36.2%) = 30.000€ / 63.8% = 47022€.

Avec cette valeur, vous avez toutes les informations que vous vouliez avoir et qu'on va désormais résumer ci-dessous :

- Prix du bien : 145.000€
- Frais d'agence : 8700€
- Frais de notaire : 10.900€
- Frais d'éviction du locataire : 0€ (Appartement vide)
- Coûts des travaux : 35.000€ (prenez toujours la fourchette haute, et rajoutez 10% d'imprévus)
- Coût de la prestation de décoration / Home staging : 2000€
- A la fin des travaux vous pouvez revendre l'appartement 220.000€
- Marge brute : 47022€

Donc si on tient compte de tous les paramètres, le prix maximal auquel vous devez payer l'appartement est de (il y a des effets sur les frais de notaire, et les frais d'agence mais ils sont minimes par rapport au reste).

Prix maximal = 220.000 € - 47022€ - 2000€ - 35000€ - 0 € - 10.900€ - 8700€ = 116.378€

Donc vous avez 28.622€ (145.000€ - 116.378€) de baisse de prix à obtenir. Ce n'est pas infaisable en matière de négociation. Mais vous avez enfin un chiffre concret que vous devez aller chercher pour respecter votre marge. Après, comme vous fixez votre marge nette, peut être êtes-vous trop gourmands ? Est-ce que vous avez suffisamment bien valorisé le bien pour pouvoir le vendre plus cher ? Même avant de faire votre offre vous pouvez déjà faire vos arbitrages.

Je vous conseille de toujours faire vos offres maximum 4 heures après la visite. Sinon vous allez perdre bêtement des deals. Et dans la plupart des cas, faites vos offres dans l'heure ! Voir pendant la visite si le bien est vraiment intéressant !

Tous les deals qui m'ont rapporté de l'argent, j'ai fait l'offre soit pendant la visite, soit 10 minutes après. Les agents immobiliers savent que si le bien m'intéresse je fonce. Je ne fais pas partie des gens qui hésitent pendant 100 ans.

7.4 - Quelles sont les cartes dont vous disposez pour négocier ?

Quand vous allez entrer en négociation, il est très important que vous sachiez quelles cartes vous allez activer. Car si vous activez les mauvaises cartes, vous allez vous heurter à un mur.

Commençons par regarder le schéma ci-dessous.

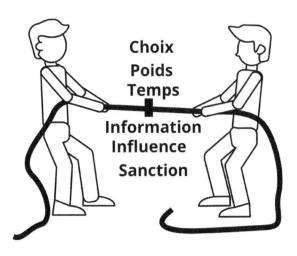

Vous vous rendez compte qu'il y a comme paramètres :

- Le choix
- Le poids
- Le temps
- L'information
- L'influence
- La sanction

C'est toutes les cartes dont vous disposez pour pouvoir arriver à un résultat probant. Le problème c'est que le vendeur a les mêmes. Sauf qu'il s'agit de quelqu'un qui ne sera pas aussi bien préparé que vous. Car il va réagir à l'instinct. Et c'est alors plus facile d'orienter la perception du vendeur à votre avantage.

7.4.1 - Le choix

Le choix répond à la question suivante : Est-ce que le vendeur peut trouver d'autres acquéreurs facilement ? Et pour l'acquéreur la question est la suivante "Est-ce que l'acquéreur peut trouver au même endroit une solution de remplacement facile au bien qu'il est en train de visiter " ?

Vous avez sans doute déjà entendu des personnes qui ont "investi" en PINEL vous dire qu'elles se sont faites massacrer au moment de la vente de leur appartement. Et que par conséquent elles ont dû le brader ? Des proches ont vendu leur appartement 50% moins cher que ce qu'ils ont payé...

Eh bien ça s'est joué sur ce paramètre. Il y avait une pléthore d'offres disponible au même moment sur le marché. Car les "investissements" en PINEL ont une durée définie dans le temps. Par conséquent, tout le monde vend au même moment. Les acquéreurs potentiels n'ont que l'embarras du choix. Et vu qu'en général c'est des logements dans des villes ou des quartiers peu côtés, les vendeurs n'ont pas trop le choix sur les acquéreurs.

Par conséquent, c'est un paramètre qui joue pleinement en faveur des acquéreurs. C'est la raison pour laquelle il est important de bien analyser le secteur. Et qui dit secteur tendu, dit que l'acquéreur aura beaucoup de visites. Mais beaucoup de visites ne veut pas dire beaucoup d'offres.

En tant qu'acquéreur vous n'êtes pas obligé d'acheter. Le vendeur lui est obligé de vendre. Simplement, il n'est pas obligé de vous vendre son bien. Ici vous devez vraiment comprendre comment se situe la concurrence par rapport à vous.

Et si vous avez fait le job sur votre financement en amont avec un accord de principe pour un montant dans lequel le bien entre, vous allez éliminer 99% de vos concurrents. C'est un moyen d'influencer le paramètre choix.

Un deuxième moyen d'avoir ce paramètre à votre avantage c'est tout simplement de faire preuve d'empathie à l'égard du vendeur. Par exemple, les vendeurs de plus de 50 ans, quand ils me voient ils voient le jeune homme qu'ils ont été. Et comme ils me trouvent sympa, que je fais preuve d'empathie, et de respect, ils ont envie de "m'aider" (il faut bien aider les jeunes n'est-ce pas ?). A vous de trouver ce petit truc qui va vous rendre unique.

7.4.2 - Le poids

Ici, c'est clairement « quelle offre est la meilleure ? ». Quand je formule comme ça, vous allez voir immédiatement l'offre la plus élevée. Mais si vous pensez ça c'est que vous connaissez mal la psychologie d'un vendeur. Un vendeur veut vendre. Et par conséquent, le prix compte autant que le profil du futur acquéreur.

Ainsi par exemple, un vendeur s'il est conseillé par un agent immobilier va avoir tendance à refuser de vendre à un primo accédant. Car, ils ont trop tendance à se rétracter. Il va regarder la situation des acquéreurs.

Par conséquent, il va faire son classement :
- Ceux qui n'ont pas besoin de prêt bancaire pour acheter

- Ceux qui achètent et qui vont mettre de l'apport
- Ceux qui achètent sans apport
- Ceux qui ne se sont même pas renseignés s'ils pouvaient acheter
- Ceux qui ont un ou plusieurs crédits consos en cours

Faites donc très attention à ce que vous racontez à la fois aux agents immobiliers et aux vendeurs. Car cela va vous faire entrer dans une catégorie ou pas.

Par conséquent, quand vous allez formuler une offre, en plus de justifier le prix que vous offrez au vendeur, vous devez lui donner des éléments objectifs pour qu'il vous choisisse vous.

Ça peut vous sembler bizarre, mais vous devez motiver le vendeur à vous choisir !

Alors, quand vous faites votre offre, insistez bien sur vos points forts. Afin que vous vous rendiez compte de l'impact que ça peut avoir, prenons deux offres au prix pour le vendeur. Et dites-vous à qui vous auriez vendu le bien. Si vous voulez conclure des deals, vous devez vous professionnaliser.

Exemple 1 :

Monsieur,

J'ai bien aimé votre bien. Il était affiché à 200.000€, mais au vu de mon estimation des travaux à réaliser, je vous en offre 170.000€.

Cordialement,

Investisseur débutant.

Exemple 2:

Monsieur,

J'ai bien aimé votre bien. Il est affiché à 200.000€ soit 2000€/m². Ce qui correspond à la moyenne du secteur. Cependant, pendant la visite, j'ai noté quelques points qui nécessiteront des travaux.

- *Il va falloir ouvrir la cuisine sur le salon pour en faire une cuisine ouverte, et la changer entièrement pour correspondre à l'usage que nous en aurons avec ma famille*
- *Il va falloir refaire la salle de bain du rez-de-chaussée afin de la rendre plus fonctionnelle. Car avec ma femme, nous avons un bébé, par conséquent il est indispensable qu'il y ait au moins une baignoire dans la maison*
- *Le chauffage de la maison est au gaz, et les prix ne cessent de monter, et nous devrons faire passer la maison au tout électrique*
- *L'anti mousse de la toiture a plus de 15 ans, par conséquent nous devrons faire passer un professionnel pour en remettre*
- *Le ballon d'eau chaude est un simple électrique, nous le changerons par un ballon thermodynamique pour plus d'eau chaude mais aussi plus d'économies d'énergie*

Après en avoir discuté avec l'artisan avec lequel j'ai l'habitude de travailler, son devis montre que nous en avons pour au moins 40.000€. Par conséquent, je vous fais une offre à 170.000€ qui prend en compte les travaux.

Je suis cadre en CDI depuis 10 ans dans mon entreprise. Et je gagne 3000€/mois NET. Ma femme est infirmière en CDI dans un hôpital de la région. Elle gagne 2000€/mois NET. Nous n'avons aucun crédit à la consommation. Et nous mettrons 20.000€ d'apport pour réaliser le projet.

Nous avons déjà validé la faisabilité financière de ce projet (achat de la maison et travaux dans le budget que je vous ai communiqué dans mon offre) et nous avons le feu vert de la banque pour aller plus loin.

Comme nous visitons d'autres biens, nous avons la contrainte de septembre pour que nos deux autres enfants soient inscrits à l'école. Nous ne pouvons donc attendre une réponse longue. Par conséquent, notre offre est valable 7 jours à compter d'aujourd'hui, et expirera le 12/03/2022 à 15h00.

Cordialement,

Charles & Marie Duchmol

Si vous étiez le vendeur, vous auriez envie de vendre à qui ?

L'acheteur de l'exemple 1 ou celui de l'exemple 2 ? Le message de l'exemple 2 obéit à une structure que j'enseigne dans un autre livre. Mais vous aurez compris l'esprit. On ne fait pas une offre au hasard, on doit expliquer concrètement pourquoi on fait cette offre.

Donc, d'un point de vue poids, on peut conclure que l'offre de l'exemple 2 est plus solide que l'offre de l'exemple 1.

7.4.3 - Le temps

Ici, en fonction des situations, c'est une carte qui peut vous servir à vous ou au vendeur. Imaginons que vous débarquez dans une région, et que vous devez inscrire absolument vos enfants à l'école pour la rentrée de septembre. Vous avez absolument besoin de savoir où vous allez vivre, car sinon ça va bloquer l'inscription des enfants. Pour des raisons d'équilibre dans les négociations ne donnez rien au vendeur qui pourrait l'amener à prendre le pouvoir dans l'échange.

En revanche, si le vendeur vend parce qu'il est en plein divorce, chaque mois où il ne vend pas, il doit supporter son ex. Par conséquent, il sera totalement motivé pour vendre. Alors il prendra la première offre sérieuse qui va se présenter. Un vendeur cependant qui n'est pas pressé peut utiliser la technique dite du lièvre en utilisant la carte du temps.

La technique du lièvre consiste à dire à prendre une offre et à se la garder sous le coude. Et se servir de cette offre pour faire monter les enchères auprès des autres acquéreurs. Les agents immobiliers et certains propriétaires font ça.

Il existe des techniques pour contrer cette manière de faire. Mais l'idée est de limiter dans le temps la validité de votre offre. Pour éviter de servir de lièvre à un vendeur.

7.4.4 - L'information

La carte de l'information c'est la carte de l'expertise. Plus vous allez avoir les informations essentielles sur un vendeur et son bien, plus vous aurez des arguments de négociation. Il existe au final assez peu de questions à poser au vendeur pour glaner les informations essentielles.

Mais l'idée est que vous devez comprendre qui vous avez en face de vous, pourquoi il vend, quels sont les points objectifs du bien sur lesquels même le vendeur conviendra qu'il faut changer quelque chose.

7.4.5 - L'influence

La carte de l'influence est une carte que vous pouvez activer rarement dans une transaction immobilière. Sauf si le vendeur est un membre de votre famille ou un ami. Mais sachez qu'il s'agit de connaître une personne tierce qui va aller intercéder en votre faveur auprès du vendeur.

Cette personne tierce peut être l'agent immobilier qui gère la transaction. Mais ce dernier ne le fera que si le vendeur a son bien sous les bras depuis des lustres.

7.4.6 - La sanction

La carte de la sanction répond à la question suivante : Qui du vendeur ou de l'acquéreur est embarrassé si la transaction ne se fait pas ? On est d'accord que si vous avez un véritable coup de cœur pour le bien du vendeur, vous allez être tristes. Mais concrètement, vous n'avez pas de conséquence néfaste. Vous pourrez trouver un autre bien à acheter.

Pour le vendeur, s'il ne vous vend pas à vous, il vendra à quelqu'un d'autre. Par conséquent, à moins d'avoir son bien sous les bras depuis des lustres, les conséquences sur lui sont assez limitées.

C'est donc un levier que vous ne pouvez pas activer tout le temps. Sauf si vous le combinez avec la carte du temps et celle du poids.

7.5 - Exemple de structure pour faire une offre au vendeur afin qu'il l'accepte

Nous ne sommes pas dans un livre sur la négociation immobilière, mais je vous donne quand même une structure à utiliser dans votre offre.

Mr_____ (ou Mme _____)

Je vous remercie pour cette visite. J'ai vraiment apprécié le vôtre (Appartement/Maison/Terrain) parce que :

- Point fort objectif du bien #1
- Point fort objectif du bien #2
- Point fort objectif du bien #3

Cela me permet de me projeter par rapport à mon projet. Cependant, il y a des points que je dois adapter afin de le rendre conforme à ma manière de vivre, et aussi pour gagner en confort.

Par conséquent :

- Défaut # 1, impact du défaut numéro 1 sur vous, estimation du prix pour la remise en conformité
- Défaut #2, impact du défaut numéro 2 sur vous, estimation du prix pour la remise en conformité
- Défaut #3, impact du défaut numéro 3 sur vous, estimation du prix pour la remise en conformité
- Défaut #4, impact du défaut numéro 4 sur vous, estimation du prix pour la remise en conformité
- …

Soit un prix total pour les travaux estimés par mon artisan d'après son expérience de _____ €. J'ai regardé et votre maison/Appartement/Terrain/Garage/… se situe dans les prix moyens du quartier. Par conséquent je vous fais une offre à _____ ce qui permet de prendre en compte les travaux et d'aboutir une fois les travaux faits à un prix au m² qui est celui du quartier.

Avant de vous envoyer mon offre, j'ai pris la liberté d'échanger avec mon banquier. Par conséquent, pour réaliser cette opération nous avons _____ en apport. Et j'ai le feu vert de mon banquier pour réaliser ce projet à savoir _____ € pour le prix de (l'appartement/maison/terrain) et _____ € pour les travaux.

Je suis Cadre/Ouvrier/Agent de maîtrise/Dirigeant… en _____ dans mon entreprise depuis _____ ans, et mon salaire est de _____ net /mois. Mon/Ma compagnon/compagne est dans son entreprise depuis _____ ans. Et il/elle gagne _____net /mois. Nous n'avons pas de crédit à la consommation en cours.

Nous avons d'autres biens en cours de visite, et nous avons beaucoup aimé le vôtre. Afin de ne pas tout perdre, notre offre est valable jusqu'au _____ à _____heures.

Cordialement,

_____

Je vous donne une structure que vous pouvez adapter. Mais il y a des techniques pour que le vendeur quand il reçoit votre offre se dise "il/elle a raison, j'ai peut-être abusé sur le prix". Mais encore une fois, ce n'est pas un livre sur la négociation.

Attention, si vous avez des crédits à la consommation en cours, ne les mentionnez pas dans le papier sur lequel vous faites votre offre. Pareil si un des deux conjoints est au chômage, contentez-vous de donner les revenus du ménage. Idem, si vous ne mettez pas d'apport, ne mentionnez pas la partie qui parle de l'apport.

7.6 - Conclusion

Dans ce livre nous avons survolé l'essentiel de la négociation. Vous avez les grandes lignes pour comprendre le processus de négociation quand vous serez face à un vendeur ou à un agent immobilier.

Si c'est une compétence sur laquelle vous souhaitez aller plus loin, pour obtenir des baisses de 20.000€ à (79.000€ mon record personnel) vous pouvez vous procurer mon autre livre : « Achat immobilier - Comment faire baisser le prix sur Amazon ». C'est un livre exprès sur la négociation immobilière, et il va dans le détail.

Tout ce que vous avez à faire, c'est à scanner ce QR code avec votre téléphone portable pour y accéder.

Vous trouverez dans ce livre :

- La structure exacte que vous devez utiliser à chaque étape du processus de négociation (avant la visite, pendant la visite, après la visite)
- Un outil gratuit mais confidentiel que je mets à votre disposition pour calculer la marge du propriétaire. Ainsi, vous saurez si le propriétaire a les moyens de baisser son prix ou pas
- Ce que vous devez regarder impérativement selon que vous visitiez une maison, un appartement ou un terrain
- Les questions exactes à poser au vendeur qui vous permettront de savoir de combien vous pouvez faire baisser le prix, le tout sans qu'il se doute qu'il vous donne des informations capitales
- Comment vous devez présenter votre offre au vendeur afin qu'il se dise "oui il/elle a raison. Je comprends totalement son offre"
- Comment faire pour que le vendeur ait envie de vous vendre son bien, et éliminer la concurrence

Maintenant que vous êtes au point sur toute la partie amont des projets, il est temps pour vous de découvrir quels sont les projets qui vont vous rapporter de l'argent. Et surtout, comment vous devez vous y prendre pour les monter.

Partie 3 : Les projets que vous pouvez réaliser, étape par étape, même si vous débutez

> Je vous serai extrêmement reconnaissant de laisser un commentaire sur Amazon sur ce livre, afin de m'aider à le faire connaître.
>
> Une fois que c'est fait, envoyez moi un mail sur **support@construction-neuve.fr** afin de recevoir en retour une surprise que vous allez adorer !
>
> Merci beaucoup, et à votre succès !
>
> Charles Dupuis

Chapitre 8 – Le projet idéal pour débuter son aventure sans risque

C'est LE projet que tout le monde peut faire, c'est bien sûr l'achat d'un bien moyen ou délabré avec rénovation. Voilà pour la partie conceptuelle. Et n'importe qui n'ayant jamais fait d'immobilier va penser spontanément à ça. Mais il y a des points assez pointus sur lesquels on doit s'attarder, pour être certains que vous allez réussir votre projet.

On peut acheter un appartement, ou une maison pour ce type de projet. Mais il y a des produits très spécifiques que vous devez rechercher. Le produit que vous revendrez ne doit pas être uniquement (sauf si vous achetez une ruine), le produit que vous avez acheté.

Par conséquent, vous allez chercher des biens que vous allez valoriser par des travaux. Et par travaux, on ne parle pas de décoration. C'est avec ce type de projet que j'ai encaissé mes premiers 43000€ net d'impôts.

Cependant, ces projets ne sont rentables que dans les villes où le prix par mètre carré est supérieur à 1500€/m². Car, c'est le montant maximum au m² que peuvent coûter des travaux. Alors, si vous êtes dans une ville où les biens sont à 750€/m², ce projet ne sera pas rentable, sauf à faire vous-même les travaux pour faire baisser leur coût. Cherchez une ville avec un prix au m² à la revente beaucoup plus élevé.

8.1 - Les biens à éviter

Les biens à éviter sont ceux où il n'y a que de la décoration à faire. Par décoration on entend :

- La cuisine à reprendre
- La salle de bain à reprendre
- La peinture à faire
- …

Ce genre de biens n'importe qui peut les acheter. Et de plus, en matière de baisse de prix, vous aurez une marge de manœuvre moins importante, car vous aurez une concurrence forte pour ce type de biens. Car on n'a pas besoin d'avoir une imagination féconde pour se projeter.

Vous aurez face à vous en fonction des biens de l'investisseur débutant et rêveur au particulier qui recherche sa résidence principale. Et ces profils, s'ils arrivent à négocier 2000€ sur le prix d'un bien immobilier, ils sont déjà super heureux. Alors que vous, vous aurez besoin de trouver des deals rentables !

Si le bien quand vous le visitez a des travaux trop simples à faire, la rentabilité sera faible. Je pense que vous le savez, mais c'est important de le dire : Les biens refaits à neuf sont à proscrire !

Ensuite, il y a des erreurs que font les débutants, c'est de ne regarder que le prix. Il y a des choses que vous pourrez corriger par les travaux. Mais la luminosité d'un bien vous ne pourrez jamais la corriger. Sauf si le bien est sous les combles et que vous pouvez ouvrir un velux ou apporter de la lumière par un puit de lumière. Donc si un bien n'est pas lumineux, ne le retenez pas. Vous aurez beaucoup de mal à le vendre.

8.2 - Les biens à privilégier

Les biens à privilégier sont ceux dont les travaux vont faire peur au commun des acquéreurs. Et pour ça il y a trois types de biens :

- Les biens en mauvais état
- Les biens mal distribués
- Une combinaison des deux

Les biens en mauvais état sont des biens qui :

- Ont (très souvent) été occupés par un locataire qui les a saccagés ce qui a refroidi le propriétaire, et l'a conduit à mettre en vente le bien une fois qu'il s'est débarrassé du locataire
- Ont connu des dégâts importants (exemple dégât des eaux)
- N'ont pas été entretenus au fil des ans
- …

Attention quand même à un point important : C'est surtout vrai pour les maisons anciennes. Avant de vous lancer dans l'acquisition d'une maison à refaire entièrement, vous devez vous assurer que vous n'avez pas :

- De l'amiante dans la maison (à traiter c'est infernal et ça coûte cher)
- De la mérule : C'est un champignon qui mange littéralement la maison. A traiter ça coûte horriblement cher et vous n'êtes jamais certains d'en être totalement débarrassés
- Du plomb dans les canalisations : Cela peut vous amener à devoir les changer entièrement, et le coût du chantier va exploser

Maintenant, qu'est-ce qu'un bien mal distribué ? La réponse simple c'est que c'est un bien qui n'est pas pratique à vivre au quotidien. Mais afin de figer cette image dans votre mémoire, prenons un cas pratique.

Cas pratique :

Vous visitez un studio de 27 m². Vous avez une salle de bain de 6 m² et une cuisine de 7 m². Ce qui ne vous laisse que 14 m² pour la pièce de vie. Est-ce qu'il n'y aurait pas un moyen de baisser la taille de la cuisine et de la salle de bain pour gagner en place dans la pièce de vie afin d'y créer un coin nuit ou une vraie chambre ?

Imaginez si vous arrivez à créer un coin nuit dans cet appartement le confort que ça sera pour un locataire ou pour un futur propriétaire. Dans les grandes villes comme Paris, Toulouse, Lyon, ...

Ces surfaces sont recherchées par les jeunes actifs. C'est eux la cible. Mais ils refuseront systématiquement d'habiter un studio. Il leur faut une chambre. Car le studio leur rappelle trop leurs années étudiantes (Sauf dans les villes comme Paris ou Lyon où l'immobilier coûte excessivement cher).

Nous sommes dans un livre pratique, donc nous allons prendre un exemple concret. Ci-dessous retrouvez le plan actuel de l'appartement.

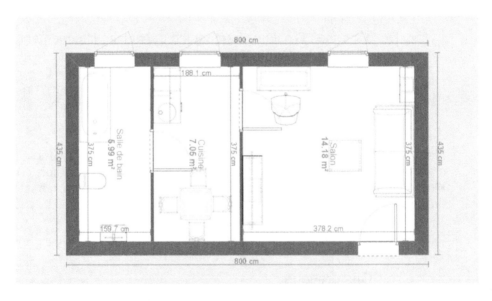

Plan actuel de l'appartement.

Les points forts de l'appartement :

- Le nombre de fenêtres : Plus un appartement a sur une façade un nombre de fenêtres élevé, plus ce sera facile de jouer avec les cloisons
- L'appartement est tout en longueur : C'est un excellent point. Ça veut dire qu'il sera facile de jouer avec les cloisons de l'appartement
- Pas de mur porteur dans l'appartement

Les contraintes de l'appartement :

- La position des fenêtres
- La position des évacuations d'eau
- La position des arrivées d'eau
- La position de la porte d'entrée

Ce dont on peut se débarrasser facilement :

- Les portes intérieures : Au vu de la superficie, on va opter pour des portes coulissantes
- L'emplacement du ballon d'eau chaude et le type de ballon d'eau chaude

Notre objectif : Transformer ce T1 en T2 en créant une vraie chambre

Une vraie chambre, c'est minimum 9 m². Si vous créez quelque chose de plus petit il s'agit d'un coin nuit. Oui ça valorise le bien (les travaux à faire sont moins lourds), mais pas autant qu'avoir une vraie chambre.

Notre concept va être d'aller récupérer des m² dans la salle de bain et dans le salon pour les transférer dans la chambre qu'on va créer à la place de la cuisine actuelle, après avoir transféré la cuisine dans le salon.

- Dans la salle de bain : On va récupérer exactement 1 mètre sur la longueur. Ce qui avec la largeur de 1,59 mètres de la salle de bain va donner 1.59 m² supplémentaires à la chambre
- Dans le salon, on va reculer la cloison de 30 cm. Ce qui va permettre de récupérer 1,125 m²

On aura donc une vraie chambre spacieuse, avec un vrai dressing, d'environ 10 m². Ce qui est juste très rare pour ce type de surfaces. Et c'est cette rareté qui va faire le prix de l'appartement et qui va susciter des coups de cœur.

Les autres changements fondamentaux.

- Le bureau qui aujourd'hui est au salon, on va pouvoir l'envoyer dans la chambre.
- Vous savez ce qui peut encore faire monter en niveau de prestations l'appartement ? C'est d'avoir des toilettes séparées. L'avantage des toilettes séparées c'est qu'on peut y mettre des choses moches comme un ballon d'eau chaude par exemple. Et ça permet de préserver la beauté des autres pièces
- La cuisine se retrouve au salon, et on peut même se payer le luxe de rajouter un petit ilot central pour le côté pratique, et faire un vrai coin repas.
- On peut se créer un vrai coin salon

En réalisant toutes ces transformations, on va pouvoir créer le bien dont fantasment tous les urbains. Car si en superficie il est somme toute assez petit. Il sera tellement bien agencé qu'il n'y aura aucun m² non exploité. Et surtout, il offrira des prestations que des biens plus grands sont juste incapables d'offrir.

Le nouveau plan. Va vous montrer toutes les transformations apportées. Car, mettez-vous à la place d'un acquéreur. Vous préférez acheter un studio de 27 m², ou payer un peu plus cher pour un T2 avec une chambre ?

Regardons les avantages pour les deux types de clients à la revente que vous pourriez avoir :

- Si c'est un investisseur, il va penser au fait que les locataires restent assez peu longtemps dans les studios. Alors que dans les T2 et plus, ils restent plus longtemps. De plus, qui dit T2 dit loyer plus élevé qu'un studio. Ce qui va compenser le prix plus élevé qu'il va payer.

- Si c'est un particulier qui veut une résidence principale, le fait de ne pas avoir à plier et à déplier son lit tous les jours va vraiment être un motif de coup de cœur. Donc, quand vous allez réaliser un projet, ayez vraiment en tête ce que les clients du bien vont chercher.

Maintenant que vous avez bien en tête les avantages qu'il y avait d'investir dans une chambre supplémentaire, voici le plan final.

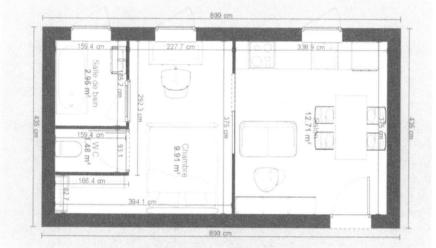

Plan final de l'appartement

A votre avis, quel est le plan qui va le plus emballer les clients au moment de la revente ? Pourtant il s'agit du même appartement, de la même superficie. Mais en ayant revu la distribution du bien, on le rend beaucoup plus pratique. Et ça, ça va accrocher les acheteurs.

Pour vendre cher, vous devez avoir quelque chose en exclusivité. Comme un extérieur en hyper centre, une chambre dans une petite surface, etc …

8.3 - Les astuces pour identifier un bien rentable en redistribution

Les projets dits de redistribution sont plus faciles à exécuter qu'une rénovation totale. Et ils sont aussi moins risqués. Par conséquent, en tant que débutants, c'est des projets à chercher en priorité. Et c'est les plus faciles à dénicher aussi.

8.3.1 - Le bis qui fait du gros argent

Quand vous travaillez à chercher des biens rentables, cherchez les biens avec un "bis". Par exemple T1 bis, T2 bis, T3 bis, etc. En général le bis est l'expression d'une surface qui peut potentiellement être transformée en chambre.

Par conséquent, quand vous regardez des annonces ou que vous visitez des biens immobiliers, soyez attentifs à ça. Le bien en lui-même peut ne pas avoir beaucoup de travaux à réaliser. Mais la valeur ajoutée que vous aurez viendra dans la redistribution de l'espace.

8.3.2 - Le bien tellement pourri dont personne ne veut

Attention : Ici, je vous défends formellement d'aller acheter un bien :

- **Pas du tout lumineux**. La luminosité fait partie des défauts que vous ne pourrez pas corriger la plupart du temps. Donc si le bien est sombre, observez les solutions pour le rendre plus lumineux, et s'il n'en existe pas, laissez tomber peu importe son prix

- **Qui a des problèmes de structure :** Exemple - Maison avec des fissures. Quand on est débutant on ne sait pas gérer ce genre de soucis, on ne sait pas évaluer le budget qu'il faudra

- Qui est dans une copropriété avec des charges élevées. Sachez qu'il y a des copropriétés où les charges mensuelles sont de 300€/400€/500€ par mois. Fuyez-les comme la peste

- Qui est dans une copropriété qui est endettée

- Qui est frappé d'un arrêté de péril

- Qui est voisin d'un immeuble frappé d'un arrêté de péril

- Qui est située dans une zone où il y a de la délinquance

- Les biens avec locataires présents dans les lieux et qui n'ont pas reçu de congé de la part du propriétaire

- …

Maintenant retournons au sujet de cette partie : Les biens pourris mais qui sentent le gros cash.

Un bien pourri est un bien délabré. Qui limite sent mauvais quand vous entrez. Qui a une décoration hors d'âge et qui ne plaira à personne de moderne. C'est un bien avec des problèmes électriques, des radiateurs qui sont de vrais grille-pain, etc …

Plus un bien sera délabré, plus le propriétaire voudra s'en débarrasser rapidement. Ce qui va faciliter votre négociation.

De plus, prêtez une attention particulière à l'étiquette énergétique de l'appartement. Si l'appartement a une étiquette énergétique supérieure à C, n'hésitez pas à demander un effort au propriétaire pour que vous puissiez faire les travaux d'isolation nécessaires.

Pour faire court : vous voulez un bien pourri dans une super copropriété si c'est un appartement. Ou une maison pourrie, dans un super environnement !

8.3.3 - Les conditions suspensives à mettre pour se protéger

On parle d'immobilier, donc de risques. Ce que vous voulez éviter c'est de vous retrouver le nez dans les problèmes. Alors, vous devez prendre vos précautions dans les conditions suspensives.

- Vous devez fixer une limite au montant des travaux. Par exemple, si vous avez fait votre négociation pour un montant de travaux de 50.000€, vous pouvez très bien mettre dans le compromis que si du fait d'un défaut non identifié pendant la visite le budget est supérieur à 55.000€ (comme vous êtes malins, vous avez pris 10% de provision pour les imprévus), alors vous voudrez soit négocier le prix soit sortir de la transaction

- Vous devez vous prémunir contre les mauvaises surprises : Si on trouve des traces d'amiantes, un foyer de mérule, du plomb dans la tuyauterie ou un problème de structure sur le bien, ça va vous coûter cher à gérer. Alors vous devrez sortir de la transaction

- Ne pas oublier de marquer la condition suspensive d'obtention du crédit

- Si certains travaux impliquent l'accord de la copropriété, alors vous devez mettre dans le compromis que l'accord de la copropriété sur les travaux que vous voulez engager est obligatoire sinon vous sortez de la transaction

- Ne pas oublier de marquer que le vendeur doit être à jour de ses obligations vis à vis de la copropriété

Ce n'est pas toutes les conditions suspensives possibles, mais c'est celles qui peuvent vous sauver la vie. Pensez à les voir avec votre notaire.

8.4 - Est-ce que vous devez faire les travaux vous-même ?

C'est une question légitime. Et je vais vous faire une réponse de normand. Peut-être bien que oui, peut-être bien que non. Plus sérieusement cela va dépendre de plusieurs paramètres.

Votre temps disponible pour piloter ou exécuter les travaux d'un chantier, votre compétence en rénovation, et surtout la manière dont vous allez revendre le bien.

Nombreux sont les débutants qui se lancent dans le chantier en pensant apprendre sur le tas. Je ne vous jette pas la pierre, j'ai fait la même erreur.

Le problème, c'est que si vous faites ça, alors vous allez vous retrouver en difficulté. Car, à moins d'être au chômage (et dans ce cas le banquier ne vous prêtera pas), ou d'avoir beaucoup de temps, vous allez exploser en vol. Car les estimations de ce que vous pensez pouvoir réaliser en une journée se révèleront toujours fausses. Parfois vous allez commencer à faire quelque chose dans la matinée, et vous finirez la journée à défaire ce que vous avez fait, parce que vous vous êtes aperçus que vous avez commis des erreurs.

Donc, ne vous lancez pas dans cette aventure si vous ne maîtrisez pas parfaitement les travaux.

8.5 - Comment trouver des professionnels qualifiés et sûrs ?

C'est très simple. Sur Facebook, vous avez des groupes privés réservés à l'investissement locatif. En général ils sont soit nationaux, soit régionaux. Ainsi, il vous suffit de vous y inscrire et de demander aux autres investisseurs de votre région ou département quels sont les artisans qu'ils recommandent et avec qui ils ont déjà bossé. Et vous aurez des recommandations d'artisans qui sont fiables.

Sinon, faites passer des entreprises sur le futur chantier. Attendez les devis. Eliminez d'emblée le devis le moins cher s'il est moins cher de plus de 10%. Pareil, si vous recevez un devis qui est supérieur de 20% aux autres devis, c'est que l'entreprise concernée ne veut pas votre chantier.

Demandez toujours des devis détaillés. L'erreur que font nombre de débutants c'est de se contenter d'un devis de quelques lignes où on ne voit rien apparaître à part des lignes sur des activités.

Dans le devis vous devez voir apparaître :
- Les activités à réaliser
- Les matériaux utilisés
- Le prix
- La date de début de chantier
- La date de fin de chantier

Les artisans prennent toujours le maximum de chantiers. Alors, ils ne respectent pas les délais si vous ne les marquez pas à la culotte pour prendre une expression du monde du football.

Ps : Pensez à enquêter sur une entreprise avant de travailler avec elle. Allez sur le site societes.com pour savoir si le gérant de l'entreprise n'est pas un spécialiste du dépôt de bilan. Si vous voyez qu'il a déjà déposé le bilan plus d'une fois, méfiez-vous. Il y a des chances que sa technique soit de commencer les chantiers et de ne pas les terminer. Et que quand il est mis sous pression judiciaire, il dépose le bilan.

Une fois que vous avez envie de travailler avec une entreprise, demandez-leur les coordonnées d'anciens clients avec lesquels vous pourriez échanger. Si l'entreprise refuse, c'est un feu orange.

Attention : Ne prenez pas d'auto entrepreneur pour faire les travaux. Ils n'ont pas les bonnes assurances. Pareil pour les entreprises unipersonnelles, car elles reposent sur une seule personne. Imaginons que cette personne se fasse mal, qui va faire votre chantier ?

Ensuite, votre chantier au moment de son démarrage doit être la priorité de l'entreprise concernée. Si ce n'est pas le cas vous allez avoir des délais qui s'allongent de manière exponentielle.

8.6 - Parlons un peu de solutions techniques pratiques

8.6.1 - Electricité :

Souvent dans ces chantiers, vous allez être sur des logements anciens. Parfois, vous pouvez avoir un cas de conscience comme, est-ce qu'il faut préserver le cachet du lieu, ou est-ce que je dois faire absolument passer des câbles ?

Sachez qu'en matière d'électricité vous pouvez utiliser la domotique. J'ai eu sur un de mes chantiers un problème. Je voulais préserver les murs en briquette caractéristiques de ma région et qui apportaient du cachet à la pièce. L'artisan pouvait :

- Faire une saignée sur le mur pour faire passer les câbles de l'interrupteur
- Faire une goulotte pour les câbles : Les goulottes si vous faites du haut de gamme vous oubliez. C'est moche, et ça gêne le coup de cœur

C'était un choix cornélien pour moi qui aime les rendus épurés. Alors il m'a parlé d'une troisième solution. C'est un interrupteur à piles. Concrètement, l'interrupteur marche avec une pile électrique (qui ressemble à une pile de montre).

Il permet d'allumer une ampoule spéciale qui elle est reliée électriquement au secteur. L'interrupteur envoie un signal à l'ampoule pour l'allumer. Ainsi, pas besoin de câbles qui longent les murs entre l'ampoule et l'interrupteur. Et la pile est dimensionnée pour durer 5 ans.

Pour en trouver un, il suffit de taper sur Google : Interrupteur sans fil.

8.6.2 - Chauffage :

Les gens font désormais attention à la qualité du chauffage quand ils achètent. Alors, dans vos travaux, même s'ils coûtent moins chers, n'achetez pas les grilles pain habituels. De plus, avec la sortie de la RE2020 (la nouvelle norme de construction), se chauffer au gaz est désormais interdit pour les constructions neuves.

Alors, vous devez anticiper sur l'interdiction pure et simple du chauffage au gaz pour tous les logements, et passer toute votre installation au tout électrique. Maintenant en matière de radiateurs, lesquels choisir ?

A titre personnel, je vous recommande de choisir des radiateurs avec fluide caloporteur. L'intérêt est qu'ils ont une chaleur qui est douce, qu'ils consomment moins que les grille pains habituels... Et qu'il en existe de plusieurs gammes. Ne prenez pas de l'entrée de gamme. Visez plutôt du milieu de gamme. A titre personnel, sur mes chantiers j'utilise les produits de la marque Acova que vous trouvez chez Leroy Merlin. Mais vous devez trouver votre propre marque.

8.6.3 - Le ballon d'eau chaude

Pour le ballon d'eau chaude, pour les petites surfaces, optez pour des ballons plats. Ils sont plus esthétiques et par conséquent, ils ne jurent pas dans le paysage quand on les met dans une pièce. De plus, ils permettent de pouvoir piloter sa consommation avec des modes où on peut demander plus ou moins d'eau chaude, stopper la production d'eau chaude grâce à un mode vacances, ... Ce genre d'attentions font partie des choses qui vont faire craquer un visiteur qu'il soit acquéreur ou locataire.

8.6.4 - Sèche serviette ou pas de sèche serviette ? Là est la question !

Je vous recommande de mettre un sèche serviette dans chaque salle de bain ou salle d'eau. D'une part c'est pratique comme chauffage en hiver, d'autre part avoir des serviette sèches et légèrement chaudes quand on sort de la douche c'est un petit plaisir qui va faire mouche auprès des locataires ou des futurs propriétaires du bien immobilier.

8.6.5 - Attention à l'humidité !

L'humidité est votre ennemie. Alors vous devez la combattre par tous les moyens. Alors dans les pièces humides.

- Si vous pouvez installer une Ventilation Mécanique Contrôlée (VMC), faites-le
- Si ce n'est pas possible, voyez avec votre artisan pour une solution d'extraction de l'air humide

Lors des visites, les acquéreurs potentiels, s'ils sont novices ne vont pas remarquer la présence ou l'absence de ce dispositif. Ils seront trop focalisés sur le rendement locatif pour les uns, et sur le coup de cœur chez les autres. Mais si vous le leur mentionnez, alors ils seront totalement ravis que vous y ayez pensé.

Pour vendre cher, l'acquéreur doit se dire qu'il achète aussi une tranquillité d'esprit.

8.7 – Que veulent les acquéreurs ?

Quand vous allez revendre, vous voulez que les gens se battent littéralement pour votre bien immobilier. Alors vous ne devez pas vendre un espace à vivre, mais au contraire vous vendez un art de vivre.

Si vous regardez les émissions de Stephane Plaza, quel est le mot utilisé par les acquéreurs pendant les visites ? Vous ne l'avez pas ?

Eh bien, il s'agit du mot « projette ». Ils diront toujours « Je me projette », « Je m'imagine », « J'imagine bien les enfants ici », etc. Ce que vous voulez c'est de parler au cœur des personnes qui vont visiter. Car c'est ainsi que vous allez déclencher le coup de cœur.

Et qui dit coup de cœur, dit pas de négociation sur le prix, même si vous êtes un peu plus cher que le marché. Voici dans les lignes qui suivent des prestations que vous devez fournir et qui vont taper dans le mile.

8.7.1 – Electricité

Vous devez passer du temps sur le plan électrique de votre bien. Il doit respecter une logique, et surtout être capable de s'adapter à plusieurs styles de vie. Oui on peut toujours rajouter une prise quand on a acheté un bien. Mais si vous voulez vendre cher votre bien, vous devez vendre l'absence de travaux aux futurs acquéreurs.

8.7.1.1 – La chambre parentale

Ça a l'air totalement bête, mais pourquoi dans les appartements ou dans les maisons, au niveau de la tête de lit il n'y a qu'un seul interrupteur dans la chambre parentale ? Qui dit chambre parentale dit potentiellement deux personnes.

Alors pourquoi avoir un interrupteur uniquement d'un côté du lit ? Pensez à mettre un interrupteur de part et d'autre du lit.

Ensuite, dans beaucoup trop d'appartements ou de maisons, il n'y a qu'une prise sur un seul côté du lit. Assurez-vous d'en avoir toujours deux. Mettez-vous à la place de l'acquéreur : Comment il fait pour brancher deux lampes de chevet sur une seule prise ? C'est simple, il va rajouter une rallonge. A votre avis est-ce que c'est joli une rallonge ?

Parce que lors des visites, ils verront votre agencement. Et même s'ils n'en parlent pas, leur cerveau l'aura enregistré.

Si vous avez un dressing dans la chambre, rajoutez-lui de l'éclairage. Vous pouvez par exemple penser à un système à LED peu cher, mais qui rajoute un plus.

Il est important d'avoir un point lumineux dans la pièce au niveau du plafond. Le problème quand le seul point lumineux est sur un mur, c'est que l'éclairage n'est pas vraiment terrible.

De plus, pensez à des lustres modernes. La décoration est importante pour déclencher le coup de cœur. N'oubliez pas que les gens sont drogués aux émissions de déco, et par conséquent ils ont des standards élevés.

Donc, si vous décidez de faire vous-même la décoration, pensez à aller chercher l'inspiration en ligne. Pour le faire, il y a un site internet excellentissime que je consulte souvent pour chercher l'inspiration.

Il s'agit du site Pinterest. Si vous n'avez pas de compte sur ce site, créez en un, c'est gratuit. Vous pouvez ensuite lancer des recherches, et en retour il vous donnera des photos.

Voici les résultats des recherches pour (lustres chambre). Pour les voir, scannez le QR code avec votre portable.

Ensuite, nombreuses sont les personnes qui regardent la télé dans leur lit. C'est une idée étrange pour moi et je déteste ça. Mais je sais qu'un nombre non négligeable de personnes le font.

Alors, sur le mur en face de celui sur lequel vous aurez la tête de lit, pensez à mettre une prise pour qu'on puisse y brancher :
- Une box
- Une télé
- Un décodeur
- …

Bref, la totale. Même si vous êtes dans mon cas et que vous n'en voyez pas l'intérêt, n'oubliez pas que vous ne faites pas le bien immobilier pour vous. Vous le faites pour de futurs acquéreurs. Et que leur mode de vie, et le vôtre, il y a des chances qu'ils soient totalement différents.

Alors pensez uniquement à vos futurs clients quand vous aménagez le bien. Vous devez être obsédés par ce qu'ils veulent.

8.7.1.2 – La chambre d'amis, des enfants, …

Ici pas de besoin particulier. Pareil, des prises de part et d'autre de l'endroit où est sensé se trouver le lit (ou le canapé lit). De l'éclairage dans les placards, un éclairage principal sur le plafond et pas contre les murs.

8.7.1.3 – La salle de bain/ salle d'eau de la suite parentale

Il faut dans toutes les salles d'eau (ou salle de bain) d'avoir deux éclairages. Un premier éclairage standard qui éclaire toute la pièce. Ensuite un deuxième éclairage au niveau du miroir de la salle de bain (ou salle d'eau).

Cela afin que la dame qui l'utilisera puisse se maquiller en se voyant parfaitement. Il y en a pour tous les prix. A titre personnel je les commande sur Leroy Merlin, et les retours clients (locataires ou acquéreurs) sont toujours excellents. Les hommes typiquement ne vont pas remarquer ce genre de détails. Les femmes oui.

Voici des exemples de miroirs lumineux chez Leroy Merlin. Je n'ai pas d'action ni pas d'accord avec eux. Je ne gagne pas de l'argent si vous achetez un modèle ou pas. Je ne fais que vous indiquer ce que je fais. Pour les voir, scannez le QR code avec votre portable.

Ensuite, vous devez avoir au moins une prise murale dans la salle de bain. Sa distance par rapport au robinet du lavabo doit respecter les normes électriques.

Cette prise a pour fonction de :
- Brancher un sèche-cheveux
- Brancher un rasoir électrique
- Brancher une brosse électrique
- …

C'est un point essentiel de confort. Alors ne faites pas l'impasse là-dessus.

Ensuite, dans toutes les salles de bains (ou salles d'eau) vous devez mettre un sèche serviette. Même s'il est petit, vous devez en mettre un ! C'est un point de confort. Et au vu de leur faible prix, c'est une prestation en plus que vous rajoutez à votre bien immobilier qui fera plaisir aux acquéreurs !

8.7.1.4 – L'espace salon salle à manger

Dans cet espace, vous devez avoir des points lumineux qui couvrent tout l'espace. Les visiteurs ne doivent pas avoir l'impression quand ils visitent qu'ils vont manquer de lumière.

Mettez autant de prises que possible. N'oubliez pas que dans un bien immobilier, il y a de la vie. Et que par exemple passer l'aspirateur ça en fait partie. Et par conséquent, personne ne voudrait avoir à prendre une rallonge pour passer l'aspirateur chez lui.

Positionnez les interrupteurs dans les endroits de passage. Evitez l'effet accumulation d'interrupteurs dans un endroit unique. C'est moche en matière de rendu visuel. Pas plus de deux interrupteurs côte à côte sinon le rendu fait chargé.

Si vous avez des volets roulants électriques, chaque interrupteur de volet roulant doit être sur le mur où il y a ce volet roulant.

Et si vous avez plusieurs volets roulants électriques, achetez une télécommande à partir de laquelle ils peuvent être tous commandés. Mettez-vous à la place des personnes. Vous vous levez le matin, et pour lever les volets dans la maison vous devez faire le tour de toutes les pièces avec volets pour appuyer sur des boutons…

Rien de bien engageant. Alors que si vous avez avec un bouton unique la possibilité de les lever ou de les fermer ce serait génial n'est pas ?

Entre les volets roulants électriques, et des volets roulants manuels, préférez l'électrique ! Ça apporte un côté haut de gamme à votre bien, et c'est ça que vous recherchez.

Ayez un point lumineux juste au-dessus de l'endroit où vous aurez la table à manger. Ça va rajouter une touche de classe dans votre pièce.

Il y a bien sûr la solution, de mettre un faux plafond et de mettre des spots lumineux en led partout. Mais le problème de cette solution est son absence totale de charme.
Même si vous voulez des spots lumineux, gardez des emplacements pour des lustres pour ajouter du caractère à votre pièce.

8.7.1.5 – L'espace cuisine

Le plan de travail doit absolument être éclairé. Nombreuses sont les personnes qui n'y pensent pas. Mais quand on cuisine, on a besoin de voir ce qu'on fait. Alors n'hésitez pas à faire un plan électrique où chaque centimètre carré de votre plan de travail est éclairé.

Ensuite, vous devez avoir dans la cuisine un maximum de prises. Car qui dit cuisine dit potentiellement utilisation de plusieurs appareils électriques. Au niveau du plan de travail je vous recommande d'en avoir au moins 3.

Ensuite, si vous avez opté pour un ilot central, alors vous devez avoir une prise électrique sur cet îlot central.

8.7.2 – Les aménagements qui apportent des paillettes dans les yeux

8.7.2.1 – Rajouter un cellier dans un appartement ou une maison familiale

Si vous avez la place, rajoutez un cellier dans le bien immobilier. Cela permet par exemple d'y entasser toutes les choses qui n'ont pas leur place dans la pièce de vie comme :

- La litière du chat
- Les gamelles des animaux de compagnie
- L'étendoir pour faire sécher le linge
- …

Tout ce qui est moche, a sa place dans un cellier. Comme le ballon d'eau chaude par exemple, la chaudière, Le sèche-linge, le lave-linge …

Un cellier n'a pas besoin d'être immense ou large. Quand il est bien organisé, 3 m² ou 4 m² suffisent. Dans un petit appartement, vous pouvez même prélever 1,5 ou 2 m² pour faire un cellier. A vous de voir si ça passe en terme de budget et d'espace restant.

Mais si vous avez la place, c'est une prestation premium que vous rajoutez à votre bien que les autres bien dans 99% des cas (pour les appartements) n'auront pas. Et c'est comme ça que vous allez vous démarquer.

Pour que le plan soit logique, le cellier est toujours accolé à la cuisine et séparé par une porte. N'allez pas mettre un cellier à l'opposé de la cuisine. Cela n'aurait alors aucun sens en matière de praticité.

8.7.2.2 – La suite parentale, ce fantasme de nombre de français

La suite parentale fait partie des prestations haut de gamme d'un bien immobilier. Elle est requise à partir du moment où vous avez plus de deux chambres dans un bien immobilier.

Mettez-vous à la place d'une famille avec deux enfants. Comment vous gérez la préparation du matin, si tout le monde doit aller dans la même salle de bain en même temps pour se préparer ? C'est les bouchons, c'est désagréable.

Par conséquent, dès 3 chambres dans un bien immobilier, la suite parentale devient quasiment obligatoire pour le bien-être de la famille.

Faire une suite parentale ne demande pas tant de m² que ça, vous pouvez en créer une dans 15 m² à 17 m². La pièce avec le lit peut faire 10 m², mais si tout le reste est parfait, les gens ne remarqueront même pas que la chambre n'a pas des dimensions XXL.

Dans 2 m² vous pouvez caser un dressing en jouant sur la hauteur. Et dans 3 m² vous pouvez caser une salle d'eau.

En travaux ça vous coûte un peu plus cher. Mais au moment de la vente, vous revendrez plus vite, et plus cher. Donc vous allez largement récupérer votre argent.

8.7.2.3 – La grande pièce à vivre

Il y a certes des gens qui sont pour avoir une cuisine fermée. Mais ils sont rares. La plupart des gens veulent des cuisines ouvertes parce que ça donne des espaces de vie plus grands. Et on respire.

Donc, pensez pièce à vivre grande, mais pensez à 3 espaces :

- Salon
- Salle à manger
- Cuisine

La luminosité de cette pièce doit être maximale. Car c'est l'endroit dans la maison où les occupants vont passer le plus de temps ensemble.

Après les pièces peuvent avoir des formes différentes. Mais les plus répandues sont :

- La forme en rectangle : A titre personnel c'est celle que je préfère. Car elle est la plus facile à aménager. Car on peut facilement séparer les espaces. Le problème si on le fait mal, c'est que ça peut vite ressembler à un couloir.
- La forme en carré. C'est pour moi la forme la plus compliquée à structurer. Car ce n'est pas évident de séparer les espaces sans cloisonner
- La forme en L, elle se répand de plus en plus. Son défaut est qu'on n'a pas l'impression de volume qu'on a dans les deux formes précédentes

8.7.2.4 – La fibre, un argument de vente qui ne coûte pas grand-chose

Avec le développement du télé travail, les gens ont besoin d'une excellente connexion internet. Donc, si vous avez la possibilité d'avoir déjà installé la fibre dans votre logement, mentionnez-le lors des visites, et vous marquerez des points auprès des acquéreurs potentiels.

8.7.2.5 – Les toilettes séparées, le petit plus qui séduit

Si vous ne pouvez avoir qu'une seule salle de bain dans un bien immobilier, vous devez proposer des toilettes séparées. Parmi les besoins des acquéreurs, celui-ci est en bonne place.

De plus si dans les toilettes vous pouvez proposer des toilettes suspendues, alors vous allez en matière de prestation être classés dans le haut de gamme. Pour une raison que j'ignore, les gens adorent les toilettes suspendues. Si vous pouvez le leur offrir, c'est parfait.

8.7.2.6 – Une cuisine moderne et équipée vous offrirez

Trop d'investisseurs au moment de faire un bien immobilier vont aller chercher tout ce qu'il y a de plus bas de gamme. Vous pouvez trouver des cuisines très bien, pour 5000€ chez des cuisinistes comme Socoo'c. Attention, vous devez adapter la gamme à votre cible de clients. Un investisseur dans un studio n'achètera pas plus cher parce que vous avez mis une cuisine à 10.000€. En revanche, faire du bas de gamme nuira à votre rentabilité. Une cuisine Socooc (ou marques similaires) pour une maison, ça reste très raisonnable pour une cuisine de qualité milieu de gamme et qui sera par conséquent suffisante pour créer un effet wahou sur les acquéreurs.

8.7.2.7 – Le petit truc déco qui fait mouche

Il faut pour vendre plus cher avoir quelque chose qui va marquer les acquéreurs. Quelque chose qu'ils ne vont pas avoir la possibilité de trouver ailleurs. Quelque chose qu'ils ne voient que dans les magazines et qu'ils n'espéraient même pas trouver. Mais pour vous en tant qu'investisseurs, cela ne doit pas coûter cher à implémenter.

Si vous pouvez mettre une verrière d'atelier par exemple quelque par où c'est utile, vous allez vous démarquer de vos concurrents.

Voici quelques exemples de verrières utilisées pour déclencher des coups de cœur.

De plus, parmi les autres choses qui apportent un plus dans une décoration, vous avez les claustras. Cela permet de séparer visuellement les espaces, le tout sans cloisonner. Voici un exemple d'utilisation intelligente des claustras. Scannez le QR code pour y accéder.

8.7.3 – Les erreurs dans les travaux à éviter

8.7.3.1 – Les sols

Vous devez éviter d'avoir les sols de la pièce de vie qui ressemblent au carrelage d'un hôpital. Vous savez les fameux carreaux 15 cm x 15 cm blanc… L'effet est des plus néfastes. Car le sol c'est quelque chose d'important.

A la place, si vous choisissez de poser du carrelage, optez pour des carreaux de 45 cm x 45 cm, d'une couleur autre que le blanc. Voici quelques exemples de carrelage en 45 cm x 45 cm (Il vous suffit de scanner le QR code).

Si vous optez pour la solution au-dessus, vous pouvez opter pour un carrelage imitation parquet. Cette solution est onéreuse, donc vous devez cibler où vous allez l'utiliser. Voici quelques exemples pour vous inspirer. Scannez le QR code pour les visualiser.

Pour les solutions économiques en matière de sol, je vous recommande les vinyles imitation parquet. Niveau rendu prix, c'est excellent.

Voici quelques exemples pour vous inspirer. (Scannez le QR code avec votre téléphone portable pour avoir des exemples).

Evitez le parquet dans la cuisine et les pièces d'eau. Partout où il y a de l'eau, utilisez du carrelage. Les carreaux de ciment ont du charme, cependant, évitez d'en abuser.

Voici quelques exemples d'une utilisation réussie des carreaux de ciment. Scannez le QR code pour les voir.

Pour finir sur les sols, achetez du milieu de gamme, qui sort de l'ordinaire. Mettre des sols à 100€/m² ne vous fera pas vendre plus cher votre bien par rapport à un sol à 25€/30€/m². Votre sol doit marquer positivement, et ne pas exploser votre budget.

8.7.3.2 – L'agencement

Dans vos biens immobiliers, il ne doit y avoir aucune pièce en enfilade si ce n'est pas logique.

- On doit passer par la chambre pour accéder à la salle de bain si on a une suite parentale, ou si on est dans le cas d'un T2.
- Pas de toilettes dans les salles d'eau des chambres. Il y a certes des gens qui trouvent ça bien, mais ils sont plus nombreux ceux qui détestent ça
- Pour aller dans la salle de bain, on ne doit pas traverser la cuisine
- On ne doit jamais avoir deux chambres en enfilade
- La chambre des parents ne doit pas être collée immédiatement à une chambre d'enfant
- Ne jamais oublier de bien isoler phoniquement les murs de séparation avec les voisins (si vous achetez un appartement)
- Ne jamais oublier d'isoler vos sols des bruits (si vous achetez un appartement)
- Si vous avez la hauteur sous plafond suffisante et le budget, il peut être intéressant de créer un faux plafond et de l'isoler du voisin du dessus (si vous achetez un appartement)
- Ne faites pas de mezzanines sur lesquelles les gens ne peuvent pas tenir debout. C'est une dépense inutile
- Mettez le maximum de rangements dans le bien immobilier. Parmi les choses qui peuvent rajouter du bonus à votre appartement, les rangements en font partie

8.7.3.4 – La peinture

Evitez comme la peste les couleurs flashy. Les couleurs doivent être Zen, et neutres. Ce n'est pas parce que vous imaginez que la chambre sera pour un enfant que vous devez lui mettre des couleurs marquées.

8.8 - Connaître le prix de revente avant de revendre

8.8.1 - La méthode empirique

Vous avez déjà sans doute constaté qu'il y a certaines annonces sur le site leboncoin. Le propriétaire ne laisse ni numéro de téléphone, ni rien du tout. On peut juste le contacter par email ? Et une fois qu'on l'a contacté, on n'a aucune réponse en retour.

Il s'agit souvent de propriétaires qui ont passé de fausses annonces. Ils vont poster une annonce avec le prix qu'ils ont en tête, et vous regarder l'engouement généré. Soit l'engouement est fort, et dans ce cas ils savent qu'ils ne vendent pas assez cher. Soit l'engouement est faible, et dans ce cas, ils savent qu'ils sont trop cher.

Vous aussi faites pareil. Une fois que vous avez votre offre acceptée par le propriétaire, faites une fausse annonce sur leboncoin. Décrivez le bien tel qu'il sera à la fin des travaux. Et pour l'illustrer, allez chercher des photos sur le site Pinterest. Et vous saurez adapter le prix à la demande du marché.

L'erreur que font nombre de débutants, c'est de fixer un prix trop faible. Testez le prix, ça ne vous engage à rien. Si c'est trop cher, alors vous pouvez toujours baisser le prix.

8.8.2 - La méthode statistique

Ici c'est assez facile. Vous allez sur le site du fisc DVF (Demande de Valeur Foncière) sur **https://app.dvf.etalab.gouv.fr/** . Ensuite, vous sélectionnez le département, la ville et vous pouvez vous balader sur la carte pour retrouver le quartier dans lequel vous souhaitez acheter ou vendre. Ainsi, vous saurez précisément quel est le prix net vendeur d'une rue.

Cette méthode demande de bien connaître la ville. Ce n'est donc pas celle que je vous recommande pour débuter. Il y a beaucoup plus simple. Il suffit de vous connecter sur votre espace en ligne sur le site des impôts sur **https://www.impots.gouv.fr/accueil** . Une fois que vous êtes dans votre espace privé.

Une fois que vous êtes dans cet espace, vous devez cliquer sur rechercher des transactions immobilières.

Une fois que c'est fait, vous devez valider les conditions générales d'utilisation. Attention quand même, le fisc enregistre toutes vos recherches. Et il pourra s'en servir contre vous pour dire que vous aviez une intention spéculative. Evitez donc de faire des recherches intensives sur la base.

Ce service est une aide à l'estimation des biens immobiliers dans le cadre exclusif d'une déclaration d'IFI ou de succession, d'un acte de donation ou d'une procédure administrative (contrôle fiscal, expropriation), de la vente ou l'acquisition potentielle d'un bien immobilier ou pour le calcul des aides personnelles au logement.

À partir de critères que vous avez sélectionnés, le service vous restitue une liste des ventes immobilières intervenues sur la période de recherche et sur le périmètre géographique que vous avez choisis. Cette liste vous fournit des éléments de repère utiles à l'estimation de votre bien immobilier. Ainsi, vous accédez aux mêmes informations que l'administration.

L'estimation précise de votre bien doit cependant prendre en compte les caractéristiques propres à celui-ci, sous votre seule responsabilité et, si vous le souhaitez, après avoir consulté un professionnel de votre choix.

Dans le cadre de la procédure contradictoire prévue par le livre des procédures fiscales, l'administration pourra vous proposer une rectification de l'estimation que vous avez faite de votre bien.

À noter : le service ne couvre pas encore les ventes des biens situés en Alsace-Moselle et à Mayotte.

En savoir plus :
> La méthode de l'administration pour procéder à ses évaluations
> Les sanctions en cas d'utilisation abusive

Pour accéder au service vous devez obligatoirement :

> Valider les Conditions Générales d'Utilisation
  ☐ J'ai lu et accepte les Conditions Générales d'Utilisation (PDF)
> Indiquer les motifs de votre visite (obligatoire) :
  ☐ déclaration d'IFI – Impôt sur la Fortune Immobilière
  ☐ déclaration de succession
  ☐ acte de donation
  ☐ contrôle fiscal
  ☐ expropriation
  ☐ vente ou acquisition potentielle
  ☐ calcul des aides personnelles au logement

Une fois que vous avez validé ce qu'il faut, vous accédez au menu suivant. Qu'il suffit de remplir avec vos critères de recherche.

Dans notre cas, nous cherchons des maisons entre 90 m² et 200 m², situées rue des granges à Amiens, dans un rayon de 5 mètres autour de la rue et qui ont été vendues entre octobre 2020 et octobre 2022.

Une fois qu'on valide la recherche. On a l'écran suivant.

Cet écran permet de savoir que les maisons rue des granges à Amiens, coûtent entre 1868€/m² et 3789€/m². Avec une moyenne autour de 2500€/m². Pour la maison à 3789€/m², elle fait 95 m² et possède un terrain de 130 m². Elle doit donc avoir des caractéristiques exceptionnelles qui font qu'elle a coûté beaucoup plus cher que les autres.

En revanche, la maison à 1868€/m² devait être une maison en mauvais état avec travaux. En 5 minutes très vite, vous savez à la fois si vous allez acheter au prix, et quel prix de vente vous pouvez espérer.

Les agents immobiliers peuvent vous donner des estimations, mais vous ne devez JAMAIS les prendre pour argent comptant. Car, pour faire entrer un mandat dans leur agence, ils peuvent vous faire des promesses que même eux savent irréalistes en matière de prix de vente net vendeur.

8.9 Gérer la revente

Nous n'allons pas nous attarder sur l'achat du bien par vous. Car c'est votre notaire qui va faire tout le boulot. C'est la raison pour laquelle nous n'allons parler que de la revente de votre bien.

C'est la partie je pense que vous attendiez avec impatience depuis le départ. A savoir comment gérer la revente. Un des arguments pour que votre dossier soit favorisé par un agent immobilier, c'est celui de lui confier la revente du bien une fois rénové. Ainsi, avec le même bien, sur une durée relativement courte, il va encaisser deux commissions d'agence.

Vous pouvez aussi lui promettre ça, et ne pas le faire, mais après ça vous regarde. Mais regardons le processus de vente d'un bien du point de vue acquéreur si vous décidez de tout gérer vous-même.

Vous allez mettre votre annonce sur un site d'annonce (leboncoin c'est largement suffisant). Ensuite, vous allez recevoir des messages que vous allez devoir filtrer. Lors du filtrage, vous allez vous débarrasser des touristes.

C'est ceux qui vous envoient un message qui vont vous demander où est situé le bien sans rien préciser d'autre comme demande. Ou encore ceux qui vont littéralement vous insulter parce qu'ils trouvent que le bien est trop cher (ça m'est arrivé), ceux qui veulent négocier le prix alors qu'ils n'ont même pas visité le bien.

Lors des échanges de mail, demandez aux acquéreurs s'ils sont déjà au clair en matière de financement. Cela va vous permettre d'éliminer un certain nombre de touristes aussi. Puis vous allez avoir des personnes qui vont être totalement motivées pour visiter le bien.

Focalisez-vous sur ceux qui insistent pour visiter en premier. C'est les acquéreurs les plus motivés. Une fois que vous avez conclu un accord avec un acquéreur, n'appelez pas encore les autres candidats pour leur annoncer que l'appartement est vendu. Attendez 3-4 jours. Car c'est pendant cette période que les personnes peuvent se rétracter.

Mais une fois que vous avez contre signé l'offre d'un acquéreur, demandez-lui le nom et les coordonnées de son notaire. Et vous de votre côté, contactez votre notaire pour lui communiquer :

- Les termes de l'offre conclue avec l'acquéreur
- Le nom & prénom de l'acquéreur
- Le nom du notaire de l'acquéreur
- Le prix de vente

Après vous laissez le notaire se débrouiller avec son confrère. Là où il va avoir besoin de vous expliquer des choses, c'est notamment sur le calcul de la plus-value immobilière. Car, il y a des erreurs que vous risquez de faire qui peuvent vous coûter cher. Je l'ai appris à mes dépends.

8.9.1 - Si vous êtes passés par un artisan pour les travaux

Si tel est votre cas, la tentation peut être forte d'aller acheter soi-même les matériaux et ensuite de faire travailler l'artisan avec les matériaux que vous avez achetés. C'est une bêtise sans nom fiscalement.

Pourquoi ? Parce que le fisc va rejeter les factures des matériaux que vous êtes allés acheter vous-même, au motif qu'ils n'ont pas la preuve que ces matériaux ont été totalement ou partiellement utilisés sur votre chantier. Même avec les factures ça ne marchera pas. C'est une bêtise que j'ai moi-même commise et je l'ai appris à mes dépends.

Laissez l'artisan aller acheter lui-même les matériaux dont il aura besoin. Oui il va vous facturer une marge là-dessus. Mais ça viendra gonfler le coût de revient du bien immobilier et vous pourrez le déduire fiscalement.

Prenons un exemple pour que ce soit plus clair. Imaginons que vous avez acheté un bien immobilier. Il vous a coûté tout compris 180.000€. Dans les 180.000€ vous avez 50.000€ de travaux, dont 40.000€ de matériaux et d'équipements que vous avez acheté vous-même. Imaginons que vous revendiez le bien à 250.000€. Et vous l'avez gardé moins de 5 ans. *Et ce bien immobilier n'est pas votre résidence principale.*

Cas 1 - Le fisc considère l'ensemble des travaux dans ses calculs (mais ne rêvez pas ça n'arrivera pas, c'est juste pour l'exemple)

- Plus-value immobilière = 250.000€ - 180.000€ = 70.000€.
- Montant dû aux impôts = 70.000€ x 0.362 = 25.340€ d'impôts à payer. (Car vous avez gardé le bien moins de 5 ans)
- Montant reversé dans votre poche par le notaire : 70.000€ - 25.340€ = 44.660€

Quand le notaire vous présente le montant à verser au fisc, en général, vous avez un énorme pincement au cœur…

Cas 2 - Le fisc ne considère pas les matériaux dans les calculs du montant de la plus-value. *Ceci est le cas réel.*

- Plus-value immobilière = 250.000€ - 140.000€ = 110.000€.
- Montant dû aux impôts = 110.000€ x 0.362 = 39.820€ d'impôts à payer.
- Montant reversé dans votre poche par le notaire : 70.000€ - 39.820€ = 30.180€

Maintenant regardons la différence entre les cas 1 & 2. Vous allez verser au fisc 44.660€ - 30.180€ = 14.480€ de plus dans le cas N°2.

Maintenant laissez-moi vous poser une question : Est-ce que pour économiser 1500€/2000€ chez l'artisan vous êtes prêts à lâcher 14.500€ au fisc ? A titre personnel, mon choix est vite fait.

Donc attention aux économies de bouts de chandelles. Ça peut vous faire mal fiscalement ! J'ai fait cette erreur au début de ma carrière d'investisseur. Depuis, je me suis juré qu'on ne m'y reprendrait plus…

Note : Si vous décidez d'habiter le bien immobilier vous-même en résidence principale, il n'y a plus de calcul de plus-value à faire. Le fisc n'a rien à vous demander. Et donc vous pouvez acheter vous-même les matériaux afin que cela vous revienne moins cher.

8.9.2 - Si vous avez fait vous-même les travaux

Si vous avez fait vous-même les travaux dans votre bien immobilier, fatalement il vous coûtera moins cher. Mais la question est, est-ce fiscalement intéressant pour vous de faire ça dans une optique de revente *hors résidence principale* ?

Si on reprend l'exemple précédent, le coût de la main d'œuvre est de 10.000€ et vous allez économiser ces 10.000€. Donc le coût total du bien sera de 180.000€ - 10.000€ = 170.000€. Comme vous avez acheté les matériaux vous-même, le fisc ne va pas les prendre en compte. Aux yeux du fisc, le bien vous a coûté 170.000€ - 40.000€ (matériaux) = 130.000€

- Plus-value immobilière = 250.000€ - 130.000€ = 120.000€.
- Montant dû aux impôts = 120.000€ x 0.362 = 43.420€ d'impôts à payer.
- Montant reversé dans votre poche par le notaire : 80.000€ - 43.420€ = 36.580€

Nous venons de démontrer qu'en travaillant d'arrache pieds, sans artisan, vous avez juste contribué à enrichir le fisc, tout en allant moins vite qu'un artisan. Il est donc beaucoup mieux pour vous de passer (si votre financement le permet) par un artisan si vous comptez revendre dans la foulée, ou dans pas trop longtemps.

Comme je vous l'avais dit précédemment, les raisonnements qu'on tient quand on fait de l'investissement locatif, et ceux qu'on tient quand on fait de l'achat revente sont différents.

Note : Ici comme dans le cas précédent, pour annuler l'impôt sur la plus-value immobilière, vous pouvez transformer le bien concerné en votre résidence principale.

8.10 - Astuces pour ne pas payer d'impôts sur la plus-value immobilière

Il y a deux astuces pour ne pas payer d'impôts sur la plus-value immobilière. Le premier cas c'est le cas que tout le monde connaît : C'est la résidence principale le deuxième cas c'est l'aide fiscal au financement de la résidence principale. Ne vous inquiétez pas, on va y venir.

Pour le cas de la résidence principale, ce que vous devez comprendre c'est que vous devez déménager dans ce bien immobilier. Ça veut dire y payer une taxe foncière et une taxe d'habitation, y domicilier son courrier, y avoir ses abonnements d'énergie, d'eau, etc ... Y vivre. Si vous essayez le tricher, le fisc le verra et vous allez vous prendre un redressement fiscal de l'espace.

Si vous utilisez cette méthode, faites-le vraiment. Je vous conseille d'y vivre minimum 8 à 12 mois. Bien que le fisc ne fixe pas de délai minimal d'occupation d'un bien, je vous conseille ce délai pour avoir la paix fiscale. Afin que même un contrôleur fiscal pointilleux n'ait pas de poux à vous chercher sur la tête.

Le deuxième cas c'est l'aide au financement de la résidence principale. Mais comme d'habitude avec le fisc, il y a des conditions à remplir :

- Vous n'avez pas été propriétaire de votre résidence principale, directement ou par personne interposée, au cours des quatre années précédant la cession ;

- Vous procédez au réemploi du prix de cession, dans un délai de vingt-quatre mois à compter de la cession, pour l'acquisition ou la construction d'un logement affecté, dès son achèvement ou son acquisition si elle est postérieure, à votre habitation principale.

Le fisc précise ensuite que le réemploi de l'argent issu de la plus-value peut être partiel, ou total. Cela veut dire qu'on vous laisse le choix de dire combien vous voulez payer au fisc. Cela vaut la peine de faire le calcul. Je vous remets ici l'exemple utilisé par le fisc dans ses textes. Car je trouve qu'il est très parlant et assez simple.

Exemple :

Un logement est cédé pour un prix de 300 000 € ; la plus-value est égale à 120 000 €. Le cédant destine un montant de 180 000 € à l'acquisition de sa résidence principale, soit 60 % du prix de cession. La plus-value exonérée est donc égale à 60 % de 120 000 €, soit 72 000 €, et la plus-value imposable à 48 000 €.

Ce qui permet à la personne de réaliser des économies substantielles. Car calculons l'économie réalisée grâce à cette astuce. Imaginons que la personne a gardé son bien pendant moins de 5 ans.

Si la personne ne connaissait pas l'astuce, elle aurait dû verser au fisc : 120.000€ x 0.362 = 43.440€. Et elle n'aurait gardé dans sa poche que 76.560€. En revanche, si la personne applique cette stratégie, elle n'est plus imposée que sur 48000€. Et elle doit verser au fisc 17376€. Il lui reste donc dans sa poche 102.624€. Elle a réussi à économiser 26.000€ rien qu'en connaissant la loi.

Le notaire ne sera pas toujours proactif. Le mien ne m'avait pas conseillé d'utiliser cette astuce la première fois... Donc c'est à vous de savoir ce que vous devez lui demander afin qu'il fasse son boulot de conseil. Sinon, il ne le fera pas (car ça lui demande moins de boulot), et vous perdrez des milliers voir des dizaines de milliers d'euros.

8.11 - Conclusion

Vous avez découvert l'univers de l'achat / revente simple, ainsi que les principaux pièges à éviter, à la fois pour votre projet, ou fiscalement. Vous avez vu comment on peut faire du gros argent en redistribuant des pièces. Pour faire vous-même les plans, je vous recommande l'outil Kozika (**https://www.kozikaza.com/**) qui en plus est gratuit.

Il est temps de passer à la suite, avec un projet un peu plus complexe, mais qui permet de faire du TRES GROS ARGENT. Dans le prochain chapitre, nous allons voir l'acquisition de maison avec détachement de parcelle.

Chapitre 9 – Le projet de difficulté moyenne, mais qui rapport un max

Dans ce chapitre, nous allons parler d'un type de projet qui délivre du gros argent : Il s'agit de l'achat d'une maison avec détachement de parcelle. Et nous allons voir quelles sont les deux versions de ce projet, ainsi que leurs avantages et leurs inconvénients. Mais avant d'entrer dans la partie purement technique, nous allons commencer par regarder quelques définitions essentielles.

Qu'est-ce qu'un détachement de parcelle ? Eh bien, c'est une action qui consiste à diviser le terrain d'une parcelle (construite ou pas) en deux parties distinctes.

Mais des images valant mieux que des mots, prenons un exemple. Vous avez une maison qui est implantée sur une parcelle de terrain. Elle a une route qui passe devant. Et le principe va être de prendre un bout de parcelle à cette maison pour en faire une parcelle indépendante. Et vous pourrez en faire ce que vous voulez au choix.

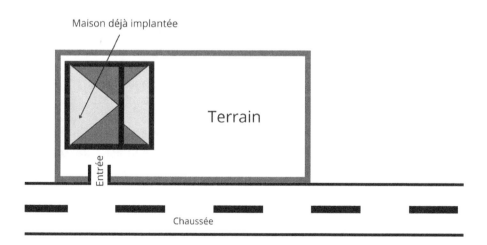

9.1- Première variante de ce montage

Ici, nous allons parler d'un terrain avec une maison déjà implantée dessus.

Tous les biens, et tous les lieux ne sont pas éligibles à ce type de projets. Par conséquent, il y a des compétences techniques que vous allez devoir acquérir. De manière à pouvoir savoir si un projet vaut la peine que vous le creusiez ou pas du tout.

9.1.1 - Les lieux qui sont éligibles à ce type de projets

Les lieux éligibles pour ce type de projet sont les villes en périphérie des grandes agglomérations. Ce sont des villes résidentielles, avec des pavillons qui sont construits. C'est ces villes qui vont devenir votre terrain de chasse.

Attention si vous voulez faire un projet de ce type à la campagne : Les gens vont à la campagne pour avoir de grands espaces. Alors, n'allez pas leur proposer des terrains de 400 m² ! Dans les banlieues des grandes agglomérations, les gens ont besoin d'un jardin au calme si possible. C'est leur unique cahier des charges. Alors le terrain peut faire 200 m², si on peut y construire une maison à étage avec un bout de jardin même petit, ça leur suffira.

Vous allez donc devoir aller dans la zone où vous voulez faire votre projet pour regarder ce qui se fait. Voici quelques indices qui vont vous donner des bons signaux :

- Peu de terrains (ou quasiment pas) de terrains disponibles à la vente
- Programmes immobiliers de promoteurs dans la ville pour des résidences neuves (immeubles, ou maisons)
- Commodités dans la ville :

- Commerces de proximité (épicerie, grande surface, pharmacie, marché de plein vent, …)
- Ecoles (crèche, maternelle, primaire, collège, lycée …)
- Terrains de sport
- …

Vous n'êtes pas obligés d'avoir toutes les commodités dans la même ville. Mais en vous mettant à la place d'une famille, imaginez la vivre dans cette ville. Comment elle fera pour accompagner les enfants à l'école si l'école est à 30 minutes en voiture ? (Assurez-vous au moins qu'il y ait un bus de ramassage scolaire auprès de la mairie). Si pour faire les courses il faut faire 45 minutes de voiture par aller, la zone ne sera pas vraiment attractive.

L'idée est de revendre rapidement, sans devoir garder son bien pendant des mois entiers. Par conséquent, vous devez chercher une zone tendue. Allez parler aux agents immobiliers du secteur pour savoir quelles sont les zones pour lesquelles ils ont le plus de demande, et le mal à satisfaire la demande.

Bien sûr, adaptez votre zone de recherche à votre budget. N'allez pas dans une zone où la moindre maison coûte 600.000€ si vous ne pouvez-vous faire financer que 300.000€. Ici, dans le cadre de ce type de projets, vous n'avez pas de loyer en face, donc il doit être présenté comme une résidence principale au banquier. Car une maison en première ou deuxième couronne d'une grande agglomération, hors cas exceptionnels (autour de Bordeaux, Nice, Toulouse,…), vous aurez du mal à convaincre le banquier que vous pourrez faire un investissement rentable pour le tranquilliser.

9.1.2 - Les biens qui sont éligibles à ce type de projets

Il faut trouver des biens avec des terrains que vous pourrez détacher. Et c'est là toute la technicité de ce type de projets. Car, comment savoir si un terrain est divisible ou pas ? Il y a deux manières de faire :

- Demander à un agent immobilier : La plupart vont vous raconter des conneries. Ils vous diront non, parce qu'ils ne savent pas comment vérifier qu'un terrain est divisible
- Regarder par vous même

Ce que vous devez savoir c'est que depuis la loi ALUR (Loi pour l'Accès à un Logement et un Urbanisme Rénové) qui date de 2014, l'Etat a interdit aux mairies de mettre des limites aux tailles de parcelles. Car cela restreignait l'accès aux maisons pour les budgets modestes pour des projets de construction.

La loi ELAN (Evolution du Logement, de l'Aménagement et du Numérique) du 23 novembre 2018 n'a pas changé cette disposition.

Prenons un exemple pour voir ce qui se faisait avant. Dans mon secteur dans le Sud-Ouest, une ville avait interdit des tailles de parcelles de moins de 2000 m². Le problème c'est que dans cette ville, le prix/m² du terrain était de 200€/m². Ainsi, pour acheter un terrain dans cette ville, il fallait au moins 400.000€. Combien de personnes pouvaient se permettre de s'y installer ? Très peu.

Désormais, dans cette ville, on a des tailles de parcelles (quand on en trouve) de 500 m². Certes les prix ont monté de 100€/m². Mais à 150.000€ le terrain, il y a plus de familles qui peuvent se le permettre. Ce qui était le but de cette loi. La mairie de cette ville a joué le jeu. Mais toutes les mairies ne le font pas. Car c'est elles qui décident de l'aménagement de leur territoire. Alors, elles vont jouer sur le coefficient d'emprise au sol.

Qu'est-ce que le coefficient d'emprise au sol ?

Eh bien, c'est un chiffre en pourcentage qui donne le ratio entre le bâti construit et la surface totale du terrain. D'un point de vue écologie c'est un nombre très important. Car, plus on met de béton sur les sols, moins la terre a de surface pour absorber l'eau. Ce qui débouche dans des inondations si la mairie ne fait rien. Ça c'est son utilité pratique.

Mais la mairie s'en sert aussi pour limiter les ambitions des investisseurs et des promoteurs immobiliers. Prenons un exemple.

Vous êtes intéressés par un terrain de 1000 m² avec une emprise au sol de 10%. Cela signifie que vous pouvez construire sur ce terrain une maison qui prendra 100 m² au sol. Mais attention à la notion d'emprise au sol. Car elle varie d'une mairie à une autre. Quelques exemples :

- Certaines mairies vont considérer que le garage fait partie de l'emprise au sol, et d'autres non
- Certaines mairies vont considérer que le pool house fait partie de l'emprise au sol et d'autres non
- Certaines mairies vont considérer que la terrasse même non couverte fait partie de l'emprise au sol et d'autres non
- …

Par conséquent, quand vous vous intéressez à une ville, vous devez vous intéresser à ses règles d'urbanisme. Et vous devez télécharger et lire le plan local d'urbanisme d'une ville où vous souhaitez investir. Il s'agit d'un document où la ville va vous expliquer zone par zone ce que vous avez le droit ou pas de faire sur un terrain.

Dans les règles d'urbanisme vous devez savoir plusieurs choses pour trancher :

1. Quelle est l'emprise au sol d'un terrain dans ce secteur ?
2. Quelle est la proportion d'emprise au sol occupée par la maison actuelle ?
3. Est-ce que vous pouvez faire construire dans le secteur un étage ?
4. Quel est l'éloignement entre deux maisons, ou avec la voirie ?
5. Est-ce que vous pouvez faire construire en limite de propriété ?
6. Si vous devez créer une voie d'accès, quelles en sont les contraintes ?
7. Quelles sont les particularités de ce terrain ?

Nous allons voir plusieurs exemples de types d'implantations sous forme de cas pratiques. Ainsi vous pourrez voir comment trancher. Mais l'idée est que vous devez viser des maisons qui ont de grands terrains par rapport à leur emprise au sol, avec des maisons implantées à une extrémité du terrain.

Rappel : Nous avons vu plus haut que l'emprise au sol d'un terrain importe plus que sa taille. Mais je vais encore insister là-dessus en prenant deux exemples dans le tableau ci-dessous.

Terrain	Superficie du terrain	Emprise au sol autorisée	Etage autorisé dans le PLU ?	Surface totale de construction
#1	700 m²	60%	Oui	840 m²
#2	2000 m²	10%	Non	200 m²

Donc vous voyez que vous pouvez construire 4 fois plus de m² sur le terrain 1 qui est pourtant presque 3 fois plus petit que le terrain 2. Donc la taille c'est important, mais pas autant que l'emprise au sol.

Cependant, il y a un enchaînement à respecter pour éliminer progressivement les mauvais projets, tout en voyant les choses que les débutants non formés ne vont pas voir.

a. Poser les questions éliminatoires en premier pour ne pas perdre de temps

La première question à vous demander avant de regarder quoi que ce soit, c'est quelle est la nature du terrain ?

Par nature de terrain, il y a deux questionnements sous-jacents. Le premier c'est est-ce que le terrain est 100% constructible ? Le deuxième c'est est-ce que ce terrain a des servitudes ? Ne vous inquiétez pas. On est sur un élément technique clé, nous allons prendre le temps de l'aborder.

Nous avons vu précédemment que vous devez lire le plan local d'urbanisme de votre ville. Il va notamment vous préciser quelle est l'emprise au sol du terrain que vous convoitez. Sachant que chaque zone a sa propre emprise au sol, la question est : S'il est situé à cheval entre plusieurs zones, quelle est son emprise au sol réelle ?

Prenons un cas assez répandu dans certaines zones. Un terrain avec une partie de terre agricole en son sein. Comme vous pouvez le voir sur l'image ci-dessous, la maison a bien une partie de son terrain qui est libre de toute construction. Mais la partie qui est libre de toute construction est située sur un terrain agricole. Et l'emprise au sol d'un terrain agricole est égale à 0 car il est interdit de construire même une cabane sur un terrain agricole.

Par conséquent, ce terrain n'est pas divisible, pour la construction. Vous pouvez décider de le vendre à l'agriculteur qui a le fond voisin, mais ce n'est pas dit que pour 5€ à 15€/m² que le montant vous intéresse beaucoup.

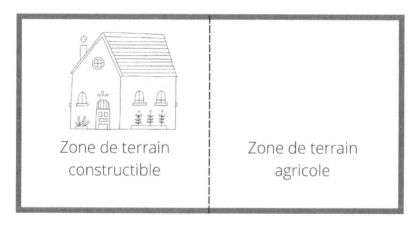

Dorénavant, quand vous regarderez les émissions de Stéphane Plaza, vous comprendrez pourquoi parfois ils parlent de terrain piscinable ou non piscinable. Un terrain peut être non piscinable parce que la piscine pourrait par exemple être implantée dans une zone où toute construction est interdite.

Ensuite, vous devez regarder si le terrain a des servitudes. Une servitude c'est une convention d'occupation du terrain que le propriétaire accorde à vie à un autre lot de terrain, ou à une entreprise. Le propriétaire peut y être contraint par la justice. Un exemple de servitude c'est par exemple la servitude de passage.

Où un voisin a besoin de traverser le terrain pour accéder à sa maison située en fond de parcelle.

Vous devez pour cela poser la question au propriétaire. Et de toutes les façons votre notaire devra faire un travail de recherche sur les servitudes éventuelles. Nous verrons plus loin quel document remplir pour que la mairie vous dise si vous avez des servitudes techniques sur le terrain.

b. Quelle est l'emprise au sol d'un terrain dans la zone ?

Vous pourrez trouver l'emprise au sol soit en posant la question à l'agent immobilier, soit en regardant le plan local d'urbanisme de la ville concernée. Maintenant prenons un autre cas, où vous avez un terrain situé entre deux zones. Une zone a une emprise au sol de 40% et l'autre a une emprise au sol de 20%.

Le terrain fait 800 m². Il a 600 m² de terrain en zone avec emprise au sol à 20% et 200 m² situé en zone 40%. Pour trouver son emprise au sol totale c'est facile. Il faut procéder étape par étape.

Terrain	Superficie du terrain	Emprise au sol autorisée	Surface totale de construction
Zone à 40%	200 m²	40%	80 m²
Zone à 20%	600 m²	20%	120 m²

Donc, on a une emprise au sol maximale pour ce terrain au total de 200 m². Maintenant vous allez pouvoir vous poser les autres questions techniques sur le terrain.

c. Quelle est l'emprise au sol déjà occupée par la maison ?

Imaginez que par rapport au PLU (plan local d'urbanisme) de la ville, en reprenant l'exemple précédent, la maison occupe déjà 200 m² d'emprise au sol. Vous savez que ce terrain n'est pas divisible.

Par conséquent vous pouvez passer votre chemin. Si en revanche, elle occupe par exemple 120 m² au sol, vous pouvez vous poser la question de savoir si dans la zone vous pouvez faire un étage ou pas.

d. Est-ce qu'on peut faire un étage ou pas ?

Si on reprend l'exemple précédent. Si l'emprise au sol maximale est de 200 m² et que la maison existante occupe 120 m², il reste une emprise au sol de 80 m². C'est compliqué de faire une maison familiale dans ces conditions. Donc si la réponse à la question : Peut-on faire un étage c'est "non", alors laissez tomber le projet. Si en revanche c'est oui, une famille peut totalement faire construire sa maison sur la parcelle détachée.

Vous pouvez ensuite passer à des questions plus techniques liées à l'implantation de la maison sur le terrain.

e. Quel est l'éloignement entre deux maisons ?

Parfois votre projet va tomber à l'eau à cause de ce détail. Car, si on vous impose une distance entre deux maisons (exemple : 3 mètres minimum), ou par rapport à la voirie (exemple : 15 mètres minimum), vous pouvez vous retrouver dans le cas où vous n'avez pas suffisamment de mètres carrés pour faire votre projet.

Ps : Pour l'écart entre deux maisons, un bon constructeur peut trouver une solution dans la plupart des cas.

f. Le terrain a-t-il un zone inconstructible imposée par le plan local d'urbanisme ?

Si vous avez une maison située sur un terrain avec une route passante devant, le PLU peut vous imposer ce qu'on appelle en urbanisme une zone de retrait. Et la fixer à 15 mètres par exemple. Cette zone est une zone de sécurité. Imaginons qu'on camion fasse une sortie de route, ils ont estimé que cette zone est suffisante pour que les occupants de la maison ne soient pas blessés ou tués. Construire sur cette zone est donc interdite.

Cela peut aussi être le cas si le terrain est situé proche d'un cours d'eau. La mairie peut décréter une partie du terrain comme étant inondable et interdire toute construction sur cette partie.
Vous devez donc toujours bien vous renseigner sur le secteur. Sinon vous allez faire des erreurs fatales.

g. Est-ce que vous pouvez construire en limite de propriété ou pas ?

Construire en limite de propriété est très utile quand on a un terrain qui n'est pas énorme. Ça a aussi l'avantage de maximiser la taille utile du jardin. Parfois dans le plan local d'urbanisme (PLU) on vous dit que vous n'avez pas le droit de construire en limite de parcelle. Ou alors on vous impose d'y mettre le garage. Ce qui peut être un compromis acceptable.

Ce critère n'est pas éliminatoire. Mais il vous donne des idées sur comment implanter la maison.

h. Quelle largeur pour la voie d'accès ?

Si vous avez une maison implantée à l'avant ou à l'arrière du terrain, vous devez créer une voie d'accès pour la parcelle qui est au fond. Et dans le plan local d'urbanisme on va vous imposer une largeur pour la voie d'accès. Souvent, elle sera de 2,5 mètres de large. Votre projet de détachement de parcelle peut être refusé parce que vous n'avez pas la largeur suffisante pour la voie d'accès.

i. Quel est le type d'assainissement ?

Sachez qu'il existe deux types d'assainissements. Le tout à l'égout, et l'assainissement autonome. Quand une parcelle est raccordée au tout à l'égout, c'est facile pour s'y raccorder. On a besoin de tuyaux qui amènent les eaux usées dans les égouts de la ville.

En revanche, quand on a un assainissement autonome, c'est toute une installation d'assainissement qu'on installe dans son terrain. Ce qui veut dire qu'au-dessus vous ne pouvez rien y mettre. Pour garder l'accès à l'assainissement.

L'impact de ça, c'est que les parcelles qui ont le tout à l'égout ont besoin d'être moins grandes que les parcelles avec un assainissement autonome. Donc, si vous êtes dans le cas d'un assainissement autonome, la parcelle détachée doit être grande. Je vous recommande au moins 800 m². Car dans tous les cas, les zones avec assainissement autonome sont des zones où l'emprise au sol est faible (entre 10% et 15%) en général donc vous n'avez pas trop le choix que celui d'avoir de grands terrains.

Regardons les exemples suivants

Cas 1 - La maison est située en avant de parcelle :

Dans le schéma ci-dessous, en - - - - - - - - sont les limites de la parcelle détachée. Vous avez la maison à l'avant de la parcelle. Et le passage vers l'arrière du terrain.

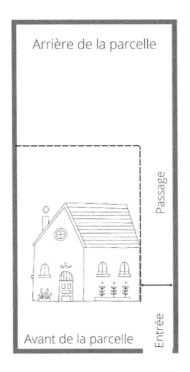

Cas 2 - La maison est située à l'arrière de la parcelle

Le schéma est le même que précédemment. Et les règles ne changent pas.

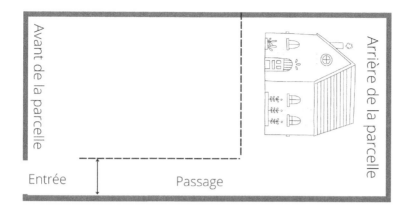

Maintenant, passons aux cas pratiques.

La maison est située au milieu du terrain

Imaginons que vous avez une maison implantée au milieu du terrain, Est-ce que vous devez lancer un projet de détachement de parcelle sur terrain ?

Imaginons que vous soyez intéressés par une maison implantée au milieu de la parcelle. La maison a une surface de 140 m². Le terrain a 774 m². Les dimensions du terrain sont les suivantes.

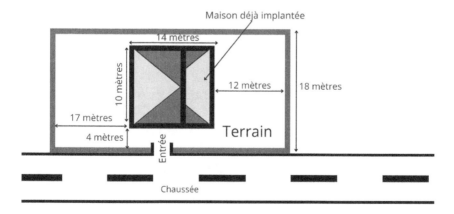

Le reste des informations donne :
- Emprise au sol dans la zone est de 40% sur toute la parcelle
- On peut construire un étage sur le terrain
- On peut construire en limite de parcelle mais uniquement à une hauteur maximale de 3 mètres
- La distance entre deux maisons doit être d'au moins 2 mètres
- On est en zone tout à l'égout

La question est : Est-ce que vous devez prendre ce projet ? Avant de répondre à cette question, vous devez analyser pour voir le type de projet que vous êtes capables de faire sur ce terrain.

En vous inspirant de la démarche vue dans l'introduction du 6.1.2, faites votre propre analyse. Ainsi vous allez pouvoir comparer avec mes conclusions plus bas.

Réponse

Pour trancher, vous allez devoir passer en revue tous les critères.

a. La nature du terrain

Le terrain est constructible partout. C'est donc un bon point pour aller plus loin.

b. L'emprise au sol

L'emprise au sol est de 40%. Donc on peut construire au sol 311.2 m².

c. L'emprise au sol déjà occupée par la maison

La maison occupe 140 m² d'emprise au sol. Il reste donc 311 m² - 140 m² = 171.2 m². Attention, cela ne veut pas dire que c'est cette surface que la maison qui sera potentiellement construite sur la parcelle détachée aura. On y reviendra plus tard sur cette subtilité.

d. Peut-on faire un étage ?

Oui on peut faire un étage, ce qui permet d'accroitre le potentiel de surface habitable.

e. Quel est l'éloignement entre deux maisons ?

L'éloignement est de 3 mètres minimum. Ce qui au vu de la faible largeur va contraindre la construction.

f. Peut-on construire en limite de propriété ?

Oui, on peut construire en limite de propriété, mais sur un maximum de 3 mètres en hauteur.

g. Quelle largeur pour la voie d'accès ?

La voie d'accès est large de 4 mètres ce qui est supérieur aux 2.5 mètres dont on a besoin.

Et maintenant, c'est l'heure de s'arracher les cheveux sur l'implantation de la maison. Car on a une maison qui est pile au milieu du terrain. Et cela complique franchement la tâche.

Maintenant regardons une implémentation possible sur ce terrain.

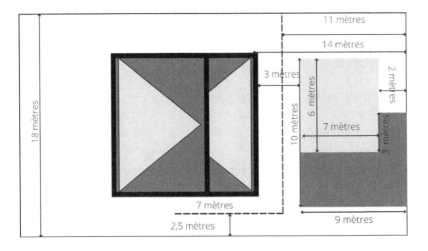

Voici un exemple d'implémentation sur ce terrain. On a pris un terrain de 213.5 m². Et dans ces 213.5 m², on a 17,5 m² d'allée et 196 m² de terrain. Si vous vivez à la campagne, vous devez vous dire que cette superficie de terrain est ridicule. Pourtant en périphérie des grandes agglomérations, ça correspond à la recherche des familles. A savoir :

- Une maison
- Un petit extérieur

Et plus on sera collés à une grande agglomération (Toulouse, Lyon, Bordeaux, …) moins l'exigence des gens sur la taille du terrain sera élevée. Ils préfèreront un petit terrain bien situé à un énorme terrain mal situé.

En revanche à la campagne, les gens cherchent de l'espace. Ils n'achèteront jamais un terrain aussi petit. Donc, sachez pondérer votre analyse avec le secteur où vous souhaitez acheter.

Maintenant, regardons quel type de maison on peut implanter sur ce terrain.

Vu la taille du terrain, je suis parti sur une maison à étage. Voici les surfaces de la maison :
- Rez de chaussée garage inclus : (9x 10) - 2 x 3 = 90 m² - 6 m² = 84 m²
- Etage : 7 x 6 m² = 42 m²

- Taille de jardin : 60.5 m²

Est-ce que la maison configurée passe ? Oui. Quand on calcule l'emprise au sol d'une maison, on prend en compte la taille du terrain avec l'allée comprise. C'est la raison pour laquelle si vous avez un terrain en fond de parcelle qui est limite niveau emprise au sol, attribuez lui l'allée de passage. Ainsi vous allez artificiellement gonfler sa taille administrative et par conséquent, augmenter la taille de la maison que vous pouvez y faire construire.

Nous sommes d'accord que 60.5 m² de jardin réellement exploitable ce n'est pas énorme. Mais une famille préfèrera ça, à vivre dans un appartement avec 30 m² de terrasse. Le rêve de nombre de français ça reste quand même la maison.

Après, votre tâche va être de faire de cette maison un havre de paix pour une famille. Ce qui implique d'avoir des prestations comme :

- **Une suite parentale :** C'est un critère importantissime. Et cette suite parentale doit être au rez-de-chaussée. Car nombre d'acquéreurs peuvent être des plus de 50 ans, qui vont réfléchir à comment ils vivront quand ils seront beaucoup plus âgés
    - Dans la suite parentale vous devez mettre une douche à l'italienne pour le gain de place (4 m² pour une douche avec meuble vasque etc... C'est suffisant)
    - Une chambre (minimum 10 m² - juste pour la partie nuit)
    - Un dressing 3 m² c'est plus que suffisant
        - Moralité : Pas besoin de faire une suite parentale de 30 m². 17 m² c'est largement suffisant
- **Une grande pièce de vie :** Par défaut, faites une pièce de vie avec cuisine ouverte. Ça donne une impression de volume à la pièce. Plus de 40 m² c'est l'idéal (Dans notre cas on offre 46 m². Un peu moins si on enlève les couloirs)
- **Pensez à la buanderie :** C'est la pièce où on met toutes les choses moches (chauffe-eau, lave-linge, ...) - 4 m² de buanderie ça peut changer la vie

- **Toilettes séparées :** (Si vous revendez directement vous devez faire la maison aux normes handicapés) - 4 m² (après vous pouvez faire moins, l'idée est que la personne puisse pivoter avec un fauteuil)
- **Garage :** 13 m² c'est largement suffisant pour y mettre la voiture et le local technique
- **A l'étage :**
    - Une chambre de 12 m²
    - Une chambre de chambre de 11 m²
    - Un bureau de 9 m²
    - Une salle de bain avec toilettes inclus : 6 m²
        - Le reste de la surface est occupé par les couloirs 4 m²

Avec cette maison vous répondez à une famille qui a deux enfants (c'est en général le nombre d'enfants qu'ont les familles en France). Et vous laissez la place pour un troisième enfant, ou pour une famille avec un des deux parents qui télé travaille. Vous rajoutez un petit extérieur et vous avez un bien CANON qui sort de l'ordinaire.

Pourquoi ?

Parce qu'il est pratique : La suite parentale (le rêve ultime de nombre d'acquéreurs), le cellier qui facilite la vie au quotidien, les toilettes séparées, et plusieurs douches, ce qui évite les embouteillages le matin…

Les biens qui sont construits sur ces superficies de terrains font en général 80 m². Par conséquent, en matière d'avantage, vous serez plus chers, mais en matière de praticité il n'y a pas à dire vous êtes au TOP.

Le seul inconvénient de cet agencement c'est qu'on ne peut pas faire de piscine enterrée, car on est limites niveau emprise au sol.

Note importante de l'auteur : Attention aux terrains en pente. Car ils génèrent des surcoûts qui peuvent être très important. Faites donc attention aux éléments suivants au moment de vos visites de terrain.

1. Vous n'avez pas besoin de pompe de relevage ni pour l'eau potable, ni pour l'évacuation des eaux usées

2. Vous n'avez pas de source d'eau sous le terrain. Car j'ai eu à visiter des maisons qui étaient régulièrement inondées au sous-sol car juste sous la maison il y avait une source d'eau
3. Vous n'avez pas besoin de faire une clôture sur les 4 côtés. Faire une clôture cela coûte cher
4. Vous n'avez pas (trop) d'arbres à abattre et à dessoucher. Car c'est une opération qui coûte très cher
5. Vous n'avez pas un sol rocailleux, car implanter une maison sur ce type de sol augmente les coûts de terrassement de 10% à 15%. Donc pensez à bien négocier si vous êtes dans cette configuration

Normalement, avec ces indications, les pièges les plus récurrents sur les terrains, vous allez les éviter.

9.1.3 - Comment monter ce type de projets

Maintenant, regardons comment vous pouvez monter ce type de projets et comment travailler avec chaque intervenant sur le projet.

9.1.3.0 - Le document qu'il vous faut avant d'aller plus loin

Vous avez trouvé une maison, et vous souhaitez savoir si vous pouvez sans aucun risque l'acheter et réaliser votre projet de détachement de parcelle. Tout ce que vous avez à faire, c'est à aller voir la mairie du lieu où se trouve la maison, pour demander un certificat d'urbanisme.

Il existe deux types de certificats d'urbanisme :

- Le certificat d'urbanisme d'information
- Le certificat d'urbanisme opérationnel

Le certificat d'information va vous donner comme son nom l'indique les informations concernant la parcelle de terrain sur laquelle est implantée la maison. Vous allez y retrouver:

- Les règles d'urbanisme applicables au terrain (comme l'emprise au sol)
- Les limitations administratives au droit de propriété (les servitudes d'utilité publique)
- Si la maison est en zone bâtiments de France ou pas. Notez que si la parcelle est en zone des bâtiments de France (500 mètres à vol d'oiseau autour d'un bâtiment classé), alors l'architecte des bâtiments de France devra approuver votre projet. Sauf qu'il peut vous imposer n'importe quoi, et qu'il travaille à son rythme…Et je vous déconseille de vous fâcher avec lui-même s'il traine et qu'il vous demande des choses hallucinantes qui défigurent votre projet
- Si la mairie a mis un droit de préemption sur la parcelle de la maison ou pas. Ce qui veut dire qu'en cas de vente, le propriétaire est obligé de vendre à la mairie si la mairie se positionne sur le terrain
- La localisation d'un ancien site industriel répertorié : Donnée importante, car si vous faites construire sur un ancien site industriel, il y a des contraintes de dépollution importantes qui coûtent un bras
- Le montant des taxes d'urbanisme

L'avantage c'est que, une fois que ce document vous est délivré, les règles d'urbanisme sont fixes pendant 18 mois. Ça veut dire que même si le plan local d'urbanisme change, pendant 18 mois, les règles d'urbanisme ne changeront pas pour votre projet. C'est vraiment important, car les mairies changent souvent les règles d'urbanisme.

Vous n'avez pas besoin d'être le propriétaire de la maison pour demander ce document. L'avantage du certificat d'urbanisme d'information c'est qu'il peut être délivré rapidement (sous 2 mois).

Le certificat opérationnel lui prend 4 mois pour être délivré. Son avantage est que l'administration répond si spécifiquement, le projet de division est possible sur le terrain. Pas besoin de l'avoir pour pouvoir diviser la parcelle si vous avez vérifié le terrain comme indiqué précédemment, et que vous êtes allé voir un géomètre expert qui travaille dans la commune.

Mais si vous voulez bétonner votre approche vous pouvez le demander. Et nombreux sont les géomètres experts qui vont vous recommander (ce n'est pas une obligation mais une recommandation) de demander le certificat opérationnel. C'est à vous de trancher.

Ce qui veut dire que vous devez vous arranger pour attendre le retour de la mairie sur le certificat opérationnel avant de signer l'acte authentique. Et si vous faites ça, mettez dans vos conditions suspensives que si la mairie dit non pour un futur détachement de parcelle, vous vous désengagerez.

Attention quand même à un point important : Pour savoir si vous avez besoin d'une déclaration préalable (procédure administrative simple), ou d'un permis d'aménager (procédure beaucoup plus complexe) avec en plus des contraintes fortes, vous devez vous assurer que les deux parcelles ne partagent en rien les mêmes équipements.

Dit de manière plus directe, ça signifie que chaque parcelle doit avoir son entrée avec son propre chemin d'accès à une voie publique ou à un chemin privé. C'est la contrainte que vous devez lever en priorité.

Et certaines communes rajoutent des contraintes en nombre de lots. Mais tout ça est expliqué dans le plan local d'urbanisme de la commune que je vous invite à lire. Un permis d'aménager ça veut dire des équipements à installer comme des bornes à incendie, créer un chemin de retournement pour les pompiers et les camions, etc... Et ça coûte extrêmement cher ! Et surtout ça vous prive de m² de parcelles que vous ne pourrez pas valoriser !

Pour faire un lotissement, il faut au moins 4 lots pour que ce soit rentable. Donc n'allez pas vous lancer dans ce type de projets sans avoir les poches garnies. Deux lots de terrain c'est dans les moyens de la plupart des personnes. Quatre et plus non.

9.1.3.1 - Votre premier ami pour dénicher les affaires

Il s'agit de l'agent immobilier. Vous devez savoir que les agents immobiliers croulent littéralement sous les demandes de maisons. Ils ont :

- Les particuliers comme vous
- Les petits investisseurs
- Les promoteurs immobiliers

Donc la compétition est rude. Et ce qui va faire la différence entre vous et les autres ça va être que vous soyez présents auprès de l'agent immobilier. Vous devez l'appeler toutes les semaines. Appelez les agents immobiliers du secteur où vous souhaitez prospecter. Et uniquement ceux-là. Par conséquent allez dans les villes qui vous intéressent et faites le tour des agences locales.

Appliquez les stratégies vues précédemment.

9.1.3.2 - Votre deuxième ami pour exécuter les affaires

Il s'agit du géomètre expert. En fonction de la complexité de votre détachement de parcelle, il vous coûtera en général entre 2000€ & 2500€ hors taxes. De plus c'est lui qui sera force de conseil pour vous dire comment découper le terrain pour maximiser la rentabilité de votre projet.

Il existe un ordre des géomètres experts. C'est donc des gens qui sont extrêmement carrés dans tout ce qu'ils font. Et leur expertise foncière est vue par la justice comme un constat d'huissier.

Une fois que vous avez votre géomètre expert, c'est lui qui s'occupe de tout avec la mairie, vous n'avez besoin de rien gérer. C'est lui qui va implanter les bornes, remplir la paperasse administrative, etc ...

Il va juste vous remettre le document qui autorise le détachement de la parcelle.

9.1.3.3 - Votre troisième ami pour exécuter les affaires

Il s'agit de votre banquier. Qui dit achat immobilier (hors fortune personnelle) dit emprunt bancaire. Et nous avons déjà vu comment présenter le dossier au banquier. Notez que rien ne s'oppose au détachement de la parcelle sauf si la garantie de la banque sur votre achat c'est une hypothèque ! (Donc pour faire du détachement de parcelles, évitez à tout prix que la garantie porte sur le bien, et non sur l'argent que vous devez à la banque ! Donc pas d'hypothèque !). Et dans ce cas, vous devrez voir avec la banque comment procéder.

9.1.4 - Comment présenter à la banque ce type de projet

Vous devez présenter à la banque ce projet comme un projet de résidence principale. Vous devez absolument éviter de parler de détachement de parcelle. Car sinon le banquier va paniquer.

Le discours vis-à-vis du banquier c'est "on achète la maison pour y installer la famille". Point. Ne rajoutez rien. Le banquier n'a pas besoin de savoir le reste. Sinon il pourrait vous refuser le crédit, car si vous revendez trop vite, il n'a pas le temps de faire de la marge avec vous.

9.1.5 - Quelles stratégies pour revendre ?

Vous avez quatre options en fonction de votre budget qui vous éviteront la requalification en tant que marchand de bien.

Ici l'idée c'est d'avoir une séquence optimisée. Sachez que certains propriétaires peuvent être sacrément malveillants. A savoir : Si vous déclenchez les visites et les ventes de terrains avant d'avoir les clés, vous allez leur mettre la puce à l'oreille, et ils vont tout faire pour refuser de vous vendre leur maison. Afin de copier votre projet et de gagner plus d'argent. Alors, tant que vous n'avez pas encore les clés de la maison ne faites rien.

Tout se déclenche le jour où les propriétaires vous remettent les clés chez le notaire. A ce moment-là, voici la séquence des événements

1. Vous avez 2 mois avant la remise des clés chez le notaire pris rendez-vous avec un géomètre expert. Pour en trouver un c'est facile : Allez sur Google, et tapez Géomètre expert + nom de la ville où vous achetez la maison. Et si cette ville est une petite ville, tapez le nom de la grande ville la plus proche
2. **Avant la signature de l'acte authentique chez le notaire, le géomètre expert doit avoir réalisé le schéma d'arpentage :** Concrètement ça consiste à mettre sur un plan les limites entre les deux parcelles. De manière à donner une base plus tard au fisc pour le calcul de la plus-value imposable
3. Idéalement le jour, ou le lendemain du jour où vous avez pris les clés (sauf weekend), le géomètre expert que vous avez trouvé doit avoir fait son travail. Il va faire deux choses :

    a. **Réaliser la déclaration préalable auprès de la mairie :** J'insiste, allez sur des projets qui ne nécessitent pas un permis d'aménager !
    b. **Réaliser le document modificatif parcellaire cadastral :** C'est un document envoyé au cadastre qui va permettre d'obtenir les nouveaux numéros de parcelles. Ils sont obligatoires pour pouvoir vendre le terrain détaché ou même la maison

Notez que si la maison est située en zone des bâtiments de France, (pour rappel 500 mètres à vol d'oiseau d'un bâtiment protégé), vous devrez faire un permis d'aménager quand même ! Vous n'avez donc aucun intérêt à faire ça.

9.1.5.1 - Option 1 : Vous revendez le terrain et vous gardez la maison pour y vivre

Ici, on imagine que vous avez reçu les nouveaux numéros de parcelles. Et vous êtes enfin prêts à vendre le terrain. Mais vous devez vous poser une question essentielle avant de vendre : Est-ce que je dois faire la viabilisation du terrain ou pas ?

Je vais encore vous faire une réponse de Normand : ça dépend.

Mais de quoi ça peut bien dépendre ? Eh bien, ça va dépendre de votre surface financière. Car si vous avez les ressources en épargne pour faire viabiliser la parcelle, c'est mieux. Car la banque ne vous le financera pas. Je vous rappelle qu'elle vous finance une maison qui est votre résidence principale. Difficile donc d'aller la voir pour demander un prêt pour viabiliser la parcelle, sauf s'il vous reste une surface financière pour un crédit à la consommation.

Si vous n'avez pas la surface financière (dans les 15000€ maximum), alors ne viabilisez pas. Le terrain sera moins attractif, et vous le vendrez moins cher. Mais vous le vendrez si vous avez respecté les règles dans la sélection du lieu.

Pour rappel, même si vous adorez la campagne (ça on s'en fiche), vous devez acheter dans la ville où les familles rêvent de s'installer. En général cela va de pair avec les gros bassins d'emplois. Vous n'êtes pas en train d'acheter la maison de votre vie, vous êtes en train de faire un investissement financier avec un retour sur investissement à deux voire trois chiffres.

Un terrain non viabilisé rajoute du délai à un projet de construction de l'ordre de 3-4 mois dans le pire des cas (ça peut être plus rapide, mais imaginez si vous faites votre demande en été…). Car, vous avez beaucoup d'acteurs à synchroniser avant de pouvoir les faire passer réaliser te travail sur votre parcelle.

Pour résumer : Les acquéreurs préfèrent avoir un terrain déjà viabilisé, et ça vous permet surtout dans une zone tendue de le vendre cher.

Mais s'il n'est pas viabilisé il restera intéressant. Les gens vont juste essayer de négocier le prix. Pour éviter ça, faites réaliser des devis de viabilisation aux entreprises (enedys, pas grdf (car le chauffage au gaz est interdit dans la norme de construction R E 2020), orange, Veolia/lyonnaise des eaux/suez / ou leur concurrent dans le secteur pour la partie eau et assainissement).

La vente du terrain va prendre environ 8 mois après que vous ayez accepté l'offre des acquéreurs. Ils vont devoir :

- **Faire les plans de la maison :** Il faut si les acquéreurs sont fainéants 2 mois. Des acquéreurs fainéants ça existe. C'est les immatures qui vont préférer partir tous les weekends en voyage au lieu de travailler sur le projet de leur maison. Sachez détecter ça lors des visites.

  S'ils n'ont pas les idées claires sur leur projet, et s'ils ne manifestent pas d'urgence particulière à réaliser leur projet, ou d'excitation particulière, faites attention…Après si c'est le seul bon dossier, prenez, mais si vous avez le choix ne les choisissez pas

- **Déposer leur demande de permis :** Il faut 2 mois officiellement (en général c'est 3 mois). Ici les acquéreurs n'ont besoin que du récépissé de dépôt de la demande pour entamer leur dossier bancaire
- **Trouver un prêt immobilier** : Si vous avez pris de bons dossiers il leur faudra environ 1 mois pour trouver leur prêt immobilier

- **Accepter l'offre de prêt 1 mois**

- **Afficher le permis sur le terrain** et attendre la fin du délai de recours des tiers 2 mois. En général leur notaire leur demandera d'attendre de voir si quelqu'un (un voisin en général) attaque leur permis de construire

- Trouver une date de signature chez le notaire (en général on la cale avant afin qu'elle coïncide avec la date de fin de recours des tiers)

Mais ce n'est pas fini. Le notaire ne va pas vous faire le virement de la vente du terrain sur votre compte en banque, il n'en a pas le droit. Il va virer l'argent à la banque. Ce n'est pas sur la vente du terrain que vous allez vous faire du gros argent. Vous allez vous faire du gros argent sur la vente de la maison.

C'est la raison pour laquelle vous devez emménager et habiter la maison. Vous savez que vous en avez pour 8 mois pour vendre le terrain. Si vous rajoutez 4 mois (1 mois de visites, 3 mois pour signer l'acte authentique) pour vendre la maison, cela vous fait un peu plus d'un an pour ce projet.

Maintenant, regardons le point de vue du fisc :

Le fait d'avoir demandé le certificat d'urbanisme pour un détachement de parcelle opérationnel montre l'intention spéculative.

Si vous faites l'erreur et que vous revendez les deux bien séparément sans avoir habité la maison, vous activez la clause de fréquence. Et donc requalification en tant que marchand de bien automatique, et grosse Bertha du fisc sur vos gains.

Maintenant il y a un sujet épineux : Celui du calcul de la plus-value immobilière sur le terrain. Ici, c'est votre notaire qui va devoir être bon. Car, s'il ne l'est pas, le fisc va vous allumer avec violence. En France on déteste les gens qui gagnent de l'argent…

Donc, pour l'acte authentique définitif, vous devez fournir à votre notaire le schéma d'arpentage réalisé par le géomètre expert.

Regardons cette image issue du site geometre-expert-epinal.fr . Cette image montre clairement deux lots. A votre gauche, vous avez un premier lot avec une zone hachurée à l'intérieur qui représente une maison. Et à droite vous avez un lot où il n'y a rien et qui représente la parcelle à détacher.

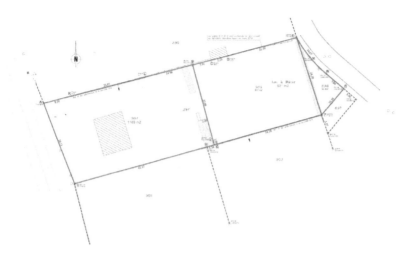

Avec ce document, votre notaire doit vous dire quel pourcentage (et quelle somme) du prix vous allez payer pour la partie avec la maison construite, et quelle partie du prix vous allez payer pour le terrain à bâtir.

C'est un calcul importantissime, car il va servir de référence au fisc pour le calcul du montant de la plus-value réalisée sur le terrain. Si vous ne faites pas ça, vous laissez libre cours à l'interprétation du fisc. Et croyez-moi, vous ne voulez pas que le fisc interprète librement les textes quand il s'agit de votre argent…

Maintenant, mettons quelques chiffres avec un cas pratique afin que vous ayez les idées claires.

Cas pratique : Calculons le montant de vos gains

Notez que dans un souci d'explication et de simplification, j'ai pris le cas théorique où la banque vous prête tout sans apport. Car cela rend le cas plus facilement compréhensible. Dans la vraie vie, pour un projet de résidence principale, jamais la banque sur des montants pareils en achat dans l'ancien ne vous prêtera sans apport. Sauf cas spécifiques présentés dans mon livre sur l'emprunt immobilier.

Vous vous portez acquéreur d'une maison sur un terrain de 1000 m². Elle est située dans une ville attractive en périphérie immédiate (30 minutes), d'une grande ville qui est le grand bassin d'emploi de la zone. Il est impossible d'y trouver des terrains à bâtir. Et les maisons coûtent assez cher pour la plupart des personnes.

La maison est présentée à un prix de 400.000€ FAI. Et vous n'avez pas essayé de négocier. Car, une fois rénovée (vous en avez pour 30.000€), elle en vaudrait 470.000€. Vous faites affaire avec le couple de propriétaires qui vend pour aller s'installer au soleil.

Le terrain est :
- Relié au tout à l'égout
- On peut y construire un étage
- L'emprise au sol est de 30%
- La maison est située le long d'une rue, donc pas besoin de créer une voie d'accès spécifique pour un lot à détacher. On pourra le faire déboucher directement sur la rue
- L'éloignement entre deux maisons est de 3 mètres
- On ne peut pas construire en limite de parcelle sauf un garage ou une annexe comme un abri de jardin

Le projet est donc parfait. Car, sur la parcelle détachée, vous pouvez construire soit de plain-pied, soit à étage et jusqu'à 300 m².

Le récapitulatif de vos frais :
- Frais d'agence (à charge du vendeur) : 22.000€
- Frais de notaire : 30.000€
- Frais de géomètre expert : 2500€

Nous sommes dans une zone où le prix d'un terrain viabilisé de 500 m² coûte 150.000€. Sachant qu'une viabilisation coûtera maximum 15.000€, vous savez que vous pouvez vendre ce terrain à 135.000€ net sans aucune négociation. En réalité, dans ce type de zones, la viabilisation coûtera beaucoup moins cher. On sera plus autour des 10.000€ que des 15.000€. Vous pouvez vous en servir pour contrer toute tentative de négociation sur le prix du terrain.

De plus, vous pouvez dire que vous ne vendrez pas à quelqu'un dont le plan de la maison va apporter du vis à vis à la vôtre. Par exemple, vous pouvez inscrire dans le contrat de réservation du terrain que si sur le plan de la maison vous avez des fenêtres qui donnent chez vous, ou si la maison est à étage, vous allez vous retirer de la vente. Car qui dit vis à vis dit dévalorisation de la maison que vous voudrez revendre plus tard.

Le notaire peut décider que le prix du bâti c'est 50% du prix que vous avez payé. Et par conséquent que le prix du terrain représente 50%. Cela implique la chose suivante :

- Prix des murs : (400.000€ - 22.000€) /2 = 378.000€ / 2 = 189.000€
- Prix de la terre : (400.000 - 22.000€) - 189.000€ = 189.000€

Pour rappel, les 22.000€ sont les frais d'agence.

Vous revendez 500 m² sur 1000 m² de terrain. Donc vous revendez la moitié de la terre. Par conséquent, prix d'achat de la parcelle est fixé à 94.500€ (189000€/2). Mais ce n'est pas fini. Vous devez ventiler les frais en fonction de la parcelle pour trouver le coût total d'acquisition de la parcelle.

- **Prix théorique versé au vendeur pour la parcelle :** 94.500€
- **Frais d'agence théoriques pour la parcelle :** 5500€
- **Frais de notaire pour la parcelle :** (94.500€+5500€) x 7.5% = 7500€. Pour rappel, les frais de frais d'agence sont à la charge du vendeur. Donc vous payez des frais de notaire sur des frais d'agence…
- **Frais liés au géomètre :** 2500€ (vous pouvez choisir d'affecter 100% des frais de géomètre à la parcelle)
- **Coût total théorique de la parcelle :** 110.000€

Rappel important pour la TVA : Vous êtes un particulier, donc vous n'avez pas à la payer quand vous vendez un bien immobilier. C'est l'intérêt de réaliser cette opération en tant que particulier. Et c'est pour ça que nous avons fait un chapitre entier sur le risque de requalification en tant que marchand de bien.

Vous avez fixé le prix de revente du terrain à 135.000€. Donc pour le fisc, vous allez faire une plus-value de 135000€ - 110.000€ = 25.000€.

Sur lesquels le fisc va prélever 36.2% d'impôts sur la plus-value. Soit 9050€ d'impôts sur la plus-value à payer. Le terrain n'est pas votre résidence principale, vous avez donc un impôt sur la plus-value à payer dessus.

Sauf que dans la réalité, les chiffres sont extrêmement différents... Mais faisons le bilan de votre trésorerie une fois la vente du terrain actée.

Vente du terrain : 135000€ - 9050€ = 125.950€ en solde positif.

Calcul de ce que vous devez à la banque :

- **Maison :** 378.000€
- **Agence immobilière :** 22.000€
- **Notaire :** 30.000€
- **Géomètre expert :** 2500€
- **Travaux dans la maison :** 30.000€
- **Total :** 462.500€, que j'arrondis à 470.000€ de dette à l'égard de la banque (j'ai inclus les garanties, etc. pour arrondir le chiffre)

Solde net de la dette suite à la vente du terrain : 125.950€ - 470.000€ = - 344.050€ de dette restante à l'égard de la banque.

Imaginez que l'agent immobilier vous ait donné Valeur de la maison rénovée avec 500 m² de jardin 420.000€ (pour rappel elle valait 470.000€ rénovée avec 1000 m² de terrain). Quand 18 mois plus tard vous revendrez votre maison.

Le bilan de l'opération 18 mois après l'achat à la vente de la maison sera donc de : 420.000€ - 344.050€ = 75.950€ direct dans votre poche. Sans aucun impôt à payer dessus. Le tout sans trop vous fatiguer. Car, comme il s'agit de votre résidence principale, le fisc ne vous prendra rien du tout. C'est la loi. Ils ne peuvent même pas vous attaquer pour vous requalifier comme marchands de biens. C'est vraiment le super pouvoir de la résidence principale.

76.000€ de gains en 18 mois, c'est comme gagner 4.222€/mois **net d'impôts** pendant 18 mois. Sauf que vous avez transformé l'argent de votre banque en gros cash pour vous. Vous pouvez repartir sur un projet de résidence principale. Votre banque va vous en vouloir. Mais *business is business*. Vous pouvez aller voir une autre banque pour lui demander de vous financer votre prochaine résidence principale.

N'oubliez pas, la jurisprudence dit que si vous revendez votre résidence principale, la plus-value n'est pas imposable. Mais il faut que le lieu soit votre résidence principale effective pour que le fisc ne puisse rien dire.

Evitez de jouer avec le feu, du genre, on s'installe 3 mois juste avant de vendre. C'est plus que limite, et vous sortez des clous. Cela veut dire que c'est le juge qui doit non plus juger selon les textes, mais juger de votre bonne foi. Et là ça devient aléatoire. D'une manière générale, si vous vous installez dans un bien, faites-le au moins 8 à 18 mois. Le temps d'y payer une taxe foncière et une taxe d'habitation.

Ce mode d'exploitation est le plus facile à exécuter, et celui qui au final coûte le moins cher.

9.1.5.2 - Option 2 : Vous revendez la maison sans travaux et faites construire sur le terrain

Ici nous n'allons pas entrer dans les mêmes détails que précédemment. Nous allons juste reprendre le même cas pratique qu'au 9.1.5.1 et adapter la fin. Mais ne vous inquiétez pas nous allons remettre ici les chiffres clés.

Le récapitulatif de vos coûts :

- **Prix de la maison :** 378.000€ (net vendeur)
- **Frais d'agence (à la charge du vendeur) :** 22.000€
- **Frais de notaire** : 30.000€
- **Frais de géomètre expert :** 2500€
- **Budget de rénovation de la maison :** 30.000€
- **Coût de la viabilisation du terrain :** 10.000€

- **Coût de la construction tout compris :** 240.000€ (avec extérieur)

De plus, le terrain est :

- Relié au tout à l'égout
- On peut y construire un étage
- L'emprise au sol est de 30%
- La maison est située le long d'une rue, donc pas besoin de créer une voie d'accès spécifique pour un lot à détacher
- L'éloignement entre deux maisons est de 3 mètres
- On ne peut pas construire en limite de parcelle sauf un garage ou une annexe comme un abri de jardin

Votre projet est de revendre la maison SANS travaux et de faire construire une maison neuve sur le terrain.

Le notaire peut décider que le prix du bâti c'est 50% du prix que vous avez payé. Et par conséquent que le prix du terrain représente 50%. Cela implique la chose suivante :

- Prix des murs : (400.000€ - 22.000€) /2 = 378.000€ / 2 = 189.000€
- Prix de la terre : (400.000 - 22.000€) - 189.000€ = 189.000€

Comme vous vendez la maison avec la moitié du terrain, le prix d'achat net vendeur de cette maison théorique est donc de : (189000€) +(189000€/2) = 283.500€ net vendeur. Il faut donc comme au 9.1.5.1 reconstituer le coût total de la maison.

- **Prix de la maison net vendeur (théorique) :** 283.500€
- **Frais d'agence (théoriques) :** 16.500€
- **Frais de notaire de la maison (théorique) :** 22.500€
- **Montant des travaux :** 0€
- **Montant des frais de géomètre :** 0€ (c'est le terrain qui en général supporte les frais de géomètre. Pas la maison)
- **Montant total d'acquisition de la maison pour le fisc :** 322.500€

Calcul de la plus-value pour le fisc suite à la vente de la maison.

370.000€ (prix de vente de la maison) - 322.500€ = 47.500€. Vous avez gardé le bien moins de 5 ans, par conséquent, le fisc va vous imposer à 36.2% sur le montant de la plus-value. Soit 0,362 x 47.500€ = 17195€. Ça c'est si votre notaire a la flemme et que vous ne connaissez pas la loi. Maintenant, on va utiliser la loi pour ne presque rien verser au fisc.

La maison que vous vendez est considérée comme votre résidence secondaire. Vous n'y avez pas élu votre résidence principale. Donc, s'il s'agit de votre PREMIERE vente immobilière, le fisc peut vous exonérer sur la plus-value immobilière SI VOUS VOUS ENGAGEZ à utiliser l'argent de la plus-value dans l'acquisition de votre résidence principale. Rappelez-vous, que nous avons évoqué ce cas précédemment. Je vous remets l'exemple donné par le fisc.

Rappel de l'exemple donné par le fisc : un logement est cédé pour un prix de 300 000 € ; la plus-value est égale à 120 000 €. Le cédant destine un montant de 180 000 € à l'acquisition de sa résidence principale, soit 60 % du prix de cession.

La plus-value exonérée est donc égale à 60 % de 120 000 €, soit 72 000 €, et la plus-value imposable à 48 000 €.

Donc pour calculer l'exonération dont vous allez bénéficier vous devez savoir combien va vous coûter le projet de construction. Or, vous savez ceci :

Répartition des coûts liés au terrain :

- **Prix théorique versé au vendeur pour la parcelle :** 94.500€
- **Frais d'agence théoriques pour la parcelle :** 5500€
- **Frais de notaire pour la parcelle :** (94.500€+5500€) x 7.5% = 7500€. Pour rappel, les frais de frais d'agence sont à la charge du vendeur. Donc vous payez des frais de notaire sur des frais d'agence…
- **Frais liés au géomètre :** 2500€ (vous pouvez choisir d'affecter 100% des frais de géomètre à la parcelle)
- **Coût total théorique de la parcelle :** 110.000€

A ceci vous savez que vous devez rajouter 240.000€ pour la construction à proprement parlé tout inclus (taxes, construction, extérieur, garage, ...).

Donc vous avez un coût total de 110.000€ + 240.000€ = 350.000€. Sauf que vous avez revendu la maison à 370.000€. Ce qui implique que vous allez consacrer 94,6% du montant de la plus-value à votre nouvelle acquisition (350000€/370.000€). Par conséquent, vous aurez 94.6% du montant de la plus-value qui sera exonéré.

Soit une exonération de 0,946 x 47.500€ = 44935€ de plus-value qui sont exonérés. Par conséquent, le fisc va imposer sur la plus-value 47500€ - 44.935€ = 2565€. Cette somme va être imposée à 36.2% (durée de détention inférieure ou égale à 5 ans). Soit un impôt sur la plus-value à payer de 928.53€.

Grâce à cette astuce, vous venez d'économiser plus de 16000€ d'impôts !

Maintenant, faisons le bilan de trésorerie après la vente de la maison.

Encaissé :
- 370.000€

Prêté par la banque :
- Prix de la maison : 378.000€ (net vendeur)
- Frais d'agence : 22.000€
- Frais de notaire (à charge vendeur) : 30.000€
- Frais de géomètre expert : 2500€
- Budget de rénovation de la maison (non utilisé) : 30.000€
- Impôts sur la plus-value : 928.53€
- Total : 462.500€ que je vais arrondir à 470.000€ pour compter les différents frais bancaires et l'impôt sur la plus-value

Gap achat - revente = 370.000 - 470.000€ = -100.000€. Sauf que nous avons 30.000€ non utilisés pour les travaux. Donc, dans les frais vous ne devez que 70.000€ à la banque à la fin de la vente de la maison sans travaux. C'est comme si vous aviez acheté un terrain tous frais inclus de 70.000€ dans un endroit où ça coûte hors viabilisation 135.000€. C'est comme si vous aviez réussi une négociation de 65.000€ sur le prix du terrain!

Maintenant vous devez voir avec la banque comment obtenir les 240.000€ dont vous aurez besoin pour finir le projet. Si votre banque vous casse les pieds, allez voir une autre banque qui vous prêtera la somme qu'il faut pour faire la construction de votre maison.

Donc au moment de la fin de la construction, vous devrez à la banque 310.000€.

Maintenant imaginons que votre maison vaut neuve à la fin du projet 430.000€ (pour rappel avec un terrain plus grand la maison ancienne valait 470.000€). Au moment de la revente, vous aurez donc : 430.000€ - 340.000€ = 120.000€ ! Et ici vous ne payerez aucun impôt sur la plus-value immobilière car il s'agit de votre résidence principale.

Attention : Un projet de construction, de l'idée à la remise des clés c'est 24 mois. Sachant que vous devez faire de ce lieu votre habitation principale, soit par mesure de sécurité 12 mois. Donc ce projet vous aura pris en tout 36 mois. Mais à la clé vous aurez 120.000€. Soit 40.000€/an pendant 3 ans ou 3.333€/mois net d'impôt pendant 3 ans.

A votre avis, où serez-vous financièrement si vous avez dans votre compte en banque 120.000€ ? Avec cette somme vous pouvez vous en servir pour améliorer l'état de vos finances personnelles, investir dans d'autres biens immobiliers. Et rien ne vous interdit de recommencer un investissement.

Ps : Si vous voulez enchaîner, acheter une maison habitez la, et prenez une plus-value. N'achetez pas de terrain si l'objectif n'est pas de construire pour y vivre. Le risque de requalification en marchand de bien est réel. Faites-vous oublier par le fisc pendant 2-3 ans supplémentaires. Donc votre projet d'achat revente suivant doit être obligatoirement soit une construction, soit une rénovation dans un but de résidence principale.

9.1.5.3 - Option 3 : Vous rénovez la maison et la revendez dans la foulée et faites construire sur le terrain

Ici, il y a deux cas.

Le premier cas c'est le c'est le cas où vous avez déjà fait une première transaction immobilière. Tout ce que nous avons vu précédemment reste vrai. La seule chose qui change c'est les chiffres.

Reprenons-les.

Pour le fisc, la maison vous a coûté :

- **Prix de la maison net vendeur (théorique)** : 283.500€
- **Frais d'agence (théoriques)** : 16.500€
- **Frais de notaire de la maison (théorique)** : 22.500€
- **Montant des travaux** : 0€
- **Montant des frais de géomètre** : 0€ (c'est le terrain qui en général supporte les frais de géomètre. Pas la maison)
- **Montant des travaux** : 30.000€
- **Montant des frais de géomètre** : 0€ (c'est le terrain qui en général supporte les frais de géomètre. Pas la maison)
- **Montant total d'acquisition de la maison pour le fisc** : 352.500€

Comme vous avez rénové la maison, vous savez que vous pouvez la revendre 420.000€. Par conséquent pour le fisc votre plus-value est de 420.000€ - 352.500€ = 67.500 €.

Vous gardez le bien moins de 5 ans, donc l'imposition sera de 0,362 x 67.500 € = 24.435€.

A l'issue de la vente de la maison, voici votre bilan financier.

Vente de la maison : 420.000€

Dépenses :

- **Impôts sur la plus-value** : 24.435€
- **Prix de la maison** : 378.000€ (net vendeur)
- **Frais d'agence** (à charge vendeur) : 22.000€

- **Frais de notaire** : 30.000€
- **Frais de géomètre expert :** 0€ (cette somme est supportée par le terrain)
- **Budget de rénovation de la maison** : 30.000€
- **Total avec les frais :** 484.435€

Donc suite à la vente de la maison, vous devez encore à la banque 484.435€ - 420.000€ = 64.435€. En sachant que votre projet de construction vous reviendrait sur la partie maison à 240.000€, vous avez un projet total à 304.435€ et une maison après construction qui vaut 430.000€. Ce qui veut dire concrètement qu'à la fin de l'opération (on parle bien sur d'habiter la maison neuve en résidence principale), vous allez récupérer 430.000€ - 301.000€ = 115.565€.

Oui vous avez payé 24.435€ d'impôts, mais avouez que 115.000€ ce n'est pas mal sur son compte en banque quand même. Et quelle liberté financière vous pensez pouvoir avoir avec un tel argent sur votre compte en banque ?

Passons au deuxième cas. Maintenant, il se passe quoi si jamais c'est votre première vente, et que vous prenez l'engagement d'utiliser la plus-value pour acquérir votre résidence principale ?

Eh bien c'est simple.

Pour le fisc, vous allez réaliser un projet de construction à 304.435€. Vous avez revendu la maison à 420.000€. Donc il va considérer que vous allez affecter 304.435€/420.000€ = 72,48%. Par conséquent, le fisc vous exonérera de 0,7248 x 67500 € = 48924€.

Donc, au lieu de payer l'impôt sur la plus-value immobilière sur 67500€, vous allez la payer sur 18576,5€. Soit 6724,51€.

Votre gain total au moment de la revente de la maison neuve sera donc de 115000€ +(24.435€ - 6724,5€) = 132.710€. Avouez que pour un projet de 3 ans, c'est une rentabilité exceptionnelle. On est au-delà des 100.000€ en 5 ans que je vous avais montré comme résultat plausible.

Mais ça demande BEAUCOUP de travail. Encore une fois, on n'obtient rien sans rien.

9.1.5.4 - Option 4 : Vous habitez la maison (en la rénovant), et vous faites construire sur le terrain

Ici, la seule chose qui change c'est que vous ne payez pas d'impôts sur la plus-value de la maison rénovée. Mais les calculs restent les mêmes.

Regardons ce que ça vous apporte de procéder de la sorte.

- **Prix de la maison net vendeur (théorique)** : 283.500€
- **Frais d'agence (théoriques)** : 16.500€
- **Frais de notaire de la maison (théorique)** : 22.500€
- **Montant des travaux** : 0€
- **Montant des frais de géomètre** : 0€ (c'est le terrain qui en général supporte les frais de géomètre. Pas la maison)
- **Montant des travaux** : 30.000€
- **Montant des frais de géomètre** : 0€ (c'est le terrain qui en général supporte les frais de géomètre. Pas la maison)
- **Montant total d'acquisition de la maison pour le fisc** : 352.500€

Vous revendez à 420.000€. Donc il vous reste dans votre poche 420.000€ - 352.500€ = 67500€ pour vous. Pas d'impôts sur la plus-value à payer car il s'agit de votre résidence principale.

Ensuite regardons le bilan comptable auprès de la banque, une fois que vous avez vendu la maison.

Dépenses :

- **Impôts sur la plus-value** : 0€
- **Prix de la maison** : 378.000€ (net vendeur)
- **Frais d'agence** (à charge vendeur) : 22.000€
- **Frais de notaire** : 30.000€
- **Frais de géomètre expert** : 2500€
- **Budget de rénovation de la maison** : 30.000€

- **Total avec les frais :** 462.500€

Vous avez emprunté 470.000€. A l'issue de la vente vous devez donc 470.000€ - 462.500€ = 7500€.

Dans ce cas, c'est comme si vous aviez acheté votre terrain à bâtir à 7500€ ! C'est un peu comme réussir une négociation de 127.500€ (en sachant que ce terrain vaut 135.000€ sur le marché).

Au moment de faire construire, vous avez besoin de 240.000€ pour votre nouvelle maison. Donc elle va vous coûter au final 247.500€. Vous savez que vous pouvez la revendre 430.000€.

Donc au moment de la revente, vous aurez donc en poche : 430.000€ - 247.000€ = 183.000€.

A votre avis, quel pouvoir ces 183.000€ peuvent avoir sur votre vie future ? Vous pouvez même dans des villes comme paris payer des appartements cash. Vous pouvez vous en servir comme apport pour un nouveau projet pour transformer ces 183.000€ en 300.000€ etc …

Cela reviendrait à gagner 5083€/mois net d'impôts tous les mois pendant 3 ans. Avouez que c'est énorme.

9.2 – La deuxième variante de ce type de projets

Vous l'aurez compris, ici on est en plein dans les terrains à bâtir. Ici, vous allez apprendre quelques astuces qui vont être extrêmement importantes. Afin de vous éviter de faire n'importe quoi.

On est dans un livre donc c'est compliqué d'être exhaustif sur tous les sujets. Il faudrait une formation de 10 heures, rien que sur l'aspect concernant les terrains à bâtir, tellement vous pouvez vous faire avoir. Mais dans cette partie nous allons voir les pièges usuels.

9.2.1 - Qu'est-ce qui fait la valeur d'un terrain à bâtir ?

Deux éléments font la valeur d'un terrain à bâtir : Sa localisation et sa constructibilité.

Parlons un peu de localisation pour clarifier les choses.

Attention, la localisation du terrain ça veut dire qu'il y a ENORMEMENT de gens qui sont prêts à venir habiter dans la ville, le quartier, la rue où le terrain se trouve. Cela veut dire que vous devez faire totalement abstraction de ce qui vous plait à vous. Vous devez penser à la masse des acquéreurs et vous demander ce qui les attire dans ce secteur.

Cela peut être les commodités : Transports, écoles, etc ... Cela peut être une douceur de vivre, la proximité par rapport à un bassin d'emploi, la proximité par rapport à la rocade, etc ... Vous devez vraiment prendre en compte ces éléments en vous mettant à la place de vos futurs clients.

Qu'est-ce qui pourrait faire qu'ils n'achètent pas là ?
Et qu'est-ce qui ferait qu'ils achètent là ?

Une fois que vous avez trouvé la ville, le mot localisation veut dire aussi trouver le bon quartier. Quel est le quartier le plus intéressant dans votre budget et pourquoi ? Si vous êtes sur un appartement familial, par exemple être à côté de l'école ou du parc sera plus intéressant qu'être à côté de la boulangerie. C'est à vous de vraiment identifier quel est l'endroit idéal pour acheter.

Il faut que vous sachiez qui achète où dans la ville et pourquoi. Et pour avoir des réponses à ces questions, vous devez aller rencontrer les agents immobiliers du secteur et leur poser la question. En leur parlant de votre projet d'achat revente, et en leur donnant votre budget. Ils vous diront ce que vous pouvez espérer de mieux secteur par secteur.

Attention, ce n'est pas parce que les agents immobiliers disent un truc qu'on doit forcément les écouter et ne pas négocier le prix. Mais ils vous donnent une tendance qu'il est intéressant d'écouter.

Dans le bon quartier il faut trouver la bonne rue. Et la bonne rue c'est celle où vous avez les moyens d'acheter sans que ce ne soit un endroit avec les défauts suivants :

- Proximité d'une zone industrielle ou d'entrepôts : Personne ne veut le balai des semi-remorques devant chez lui, ni en journée ni à 6h du matin
- Proximité d'un pylône haute tension, ou d'une antenne relai : A tort ou à raison, les gens n'aiment pas
- Proximité d'une cité : Les gens qui vont s'installer en famille vont tout faire pour partir loin des cités. Alors plus vous êtes loin, meilleures sont vos chances de bien vendre
- Proximité d'une route passante (départementale, nationale, autoroute), le bruit incessant va rebuter beaucoup d'acquéreurs

Sur la constructibilité d'un terrain

Nous avons déjà vu les notions d'emprise au sol, de plan local d'urbanisme, etc … Nous n'y reviendrons pas. En revanche il y a des notions qui vont littéralement faire exploser les coûts de construction si vous n'y prenez pas garde.

9.2.1.1 - Les réseaux

Pour les réseaux, il s'agit de tout ce qui va servir à rendre le terrain habitable. A savoir :

- L'eau potable
- Les évacuations des eaux usées
- L'électricité
- Le téléphone

Pour ne pas avoir un livre de 1000 pages, voici quelques règles pour savoir rapidement quand vous visitez un terrain si vous devez vous attendre ou pas à des surcoûts. Quand vous devez faire viabiliser un terrain, vous devez faire attention à l'emplacement où se trouvent les réseaux à l'extérieur de votre parcelle. Car, plus les réseaux seront éloignés, plus ça vous coûtera cher de viabiliser. Alors que si vous les avez en bordure ça sera relativement peu cher. C'est comme ça que vous pouvez passer de 5000€ en coût de viabilisation à 15000€, voire à 30000€… Donc attention à ce point c'est un point important.

Afin d'être clairs, prenons un exemple avec le réseau électrique. Si la distance entre le terrain et le point de raccordement est supérieure à 30 mètres, enedys (le gestionnaire de réseau) va vous appliquer un surcoût pour la viabilisation.

Donc l'une des questions les plus importantes quand vous visitez une maison ou un terrain c'est de savoir où sont les réseaux à l'extérieur. Si le propriétaire ne sait pas répondre, alors, vous pouvez contacter enedys, pour le savoir. Eux ils ont des plans détaillés de tous les secteurs. Parce que c'est comme ça qu'ils font les devis.

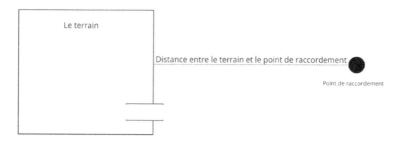

9.2.2 - Est-ce que vous devriez envisager d'acheter ce terrain ?

Ici, le point important c'est le suivant : Si le terrain est en pente, il va générer des surcoûts. Et plus la pente est forte, plus ça vous coûtera cher à la fois pour la maison, mais aussi pour avoir un jardin plat. Donc si vous avez un budget limité, évitez ce genre de terrain.

Si l'étude de sol AG V1, que le propriétaire doit vous remettre dit qu'on doit mettre les fondations à plus de 1,20 mètres cela signifie que vous allez avoir des surcoûts dans les fondations. De plus, si vous vous apercevez qu'on vous parle de puits, de pieux ou de micro pieux (ou barrettes) dans l'étude, laissez tomber ce terrain. Le poste de dépense pour les fondations va être XXL.

Après, si vous voulez vraiment y aller, négociez fortement à la baisse le prix du terrain. Car vous aurez des éléments tangibles pour le faire.

9.2.3 - A quel prix devriez-vous acheter ce terrain ?

Pour savoir quel est le prix d'achat réel d'un terrain, vous devez savoir comment il se situe en matière de prix au m² dans la zone concernée. De ma propre expérience, si vous achetez un terrain en lotissement, il vous coûtera moins cher que si vous achetiez le même terrain à un particulier.

Le problème des lotissements quand on veut faire de la division c'est que le règlement du lotissement peut vous interdire cette opération, alors que le plan local d'urbanisme vous l'autorise. En général un règlement du lotissement s'éteint au bout de 10 ans, sauf si les personnes du lotissement le prolongent (cela n'arrive jamais, mais l'opportunité leur est offerte dans la loi).

Car personne ne sait qu'il y a un règlement, et rares sont les personnes qui savent qu'on doit le prolonger). Donc si vous allez visiter un terrain ou une maison qui est dans un lotissement, demandez de quand date le lotissement.

S'il a plus de 10 ans, c'est ok pour y aller. Sinon, lisez le règlement du lotissement, et voyez si quelque chose interdit la division. Cela ne sera jamais écrit en mode "division de parcelle interdite". Les contraintes seront par exemple du type "on ne peut rien construire sur les limites séparatives", "la distance entre deux maisons doit être de 5 mètres minimum", etc. Et si vous trouvez quelque chose qui vous refroidit, n'y allez pas.

Prenez le temps d'évaluer si le terrain est en zone inondable. Si c'est le cas, n'y allez surtout pas !

Si vous devez acheter un terrain (ou une maison), laissez tomber les sites comme meilleursagents.com. Les prix affichés sont du déclaratif. De plus, vous n'avez aucune information sur les parcelles, et de plus vous ne savez même pas comment était le bien.

Je vous conseille la base de ceux qui ont toutes les informations sur les ventes, non ce ne sont pas les notaires, c'est le fisc.

Rendez-vous sur le site du fisc https://app.dvf.etalab.gouv.fr/ (ou tapez dvf sur le moteur de recherche de google).

Toutes les ventes depuis 2016 y sont enregistrées pour toute la France métropolitaine. Si vous vivez en outre-mer, je vous conseille de vous adresser à votre notaire pour avoir une idée des vrais prix. Car les notaires ont leurs propres bases de données.

Les prix que vous allez avoir sur dvf, sont les prix après négociation. Ceux que les personnes ont effectivement payé. Mais avant de vous montrer comment ça marche, j'ai quand même encore deux trois choses à vous dire.

Quand vous allez sur dvf, vous ne connaissez pas dans quel état était la maison qui a été vendue. Vous ne pouvez donc pas vous prévaloir du prix de vente d'une maison pour dire que c'est le prix de vente dans un quartier. Les informations sur les terrains peuvent aussi être biaisées. Car, parfois, lors de projets de divisions de parcelles, certaines personnes vont vendre la partie de leur parcelle où ils avaient la piscine, ou une dépendance. Et afin de ne pas se faire massacrer fiscalement, ils vont le présenter comme la cession d'un terrain.

Donc parfois, vous allez avoir des terrains qui se sont vendus beaucoup plus cher que le prix habituel dans le secteur. C'est parce que ces terrains avaient des caractéristiques particulières comme par exemple, une piscine déjà présente ou une dépendance. C'est la raison pour laquelle vous devez vous fier au prix moyen.

Maintenant que vous avez ces informations en tête, allons sur dvf. (DVF = Demande de Valeur Foncière). L'application se présente comme sur l'image ci-dessous.
Vous devez choisir à gauche le département qui vous intéresse, puis la commune. Si vous avez la section cadastrale, vous pouvez la saisir, et la parcelle cadastrale aussi.

Rendus à ce stade, vous êtes assez mûrs pour qu'on parle d'une spécificité du plan local d'urbanisme non abordée jusque-là.

Le plan local d'urbanisme découpe la ville en plusieurs zones. Et il y a un règlement différent pour chacune des zones. Par exemple, les zones du centre de la ville vont avoir une emprise au sol plus élevée que celles qui sont éloignées du centre-ville. Dans certaines villes par exemple dans le centre vous avez une emprise au sol de 60% alors qu'en périphérie elle n'est que de 10%. Donc chacune de ces zones est appelée section cadastrale.

Dans la section cadastrale, il faut un identifiant unique pour une parcelle. C'est grâce à cet identifiant qu'on va pouvoir garantir votre vente, que la mairie saura évaluer votre permis, et surtout que le fisc saura vous envoyer les taxes qui vont bien. Prenons un exemple dans le département de l'Hérault (34).

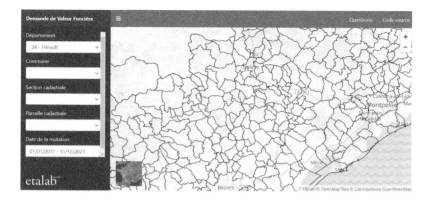

L'application va zoomer automatiquement dans la zone où j'ai fait ma sélection. Puis on va chercher la ville de Pézenas.
Et là, encore une fois, l'application zoome sur les villes. Et vous voyez apparaître des zones découpées avec des noms. Exemple AX. Ces zones sont les sections cadastrales de la ville. Il va falloir maintenant trouver des informations sur les terrains. Et pour faire ça, vous avez deux choix.

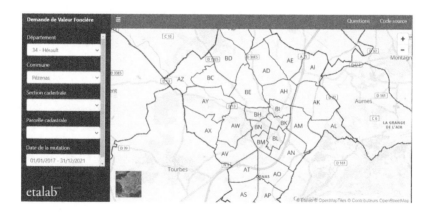

Le premier c'est à partir d'ici, de définir une date de mutation (date de la signature de l'acte authentique chez le notaire). Je vous conseille de ne prendre que les deux ou trois dernières années. Au-delà, les prix ne sont pas vraiment comparables. Et ensuite vous faites une extraction en masse des données.

Le deuxième choix c'est de zoomer sur l'application à la recherche du nom de la rue qui vous a été communiquée par l'agent immobilier pour planifier la visite. Vous devez avoir les informations de dvf AVANT d'aller faire votre visite. Cela vous permettra d'éviter de vous faire avoir sur les prix. C'est cette méthode que j'utilise.

Imaginons que le rendez-vous est donné avenue Jean-Denis Tastavin et Michel Liopis.

Après avoir zoomé sur la carte, nous tombons sur la bonne rue.

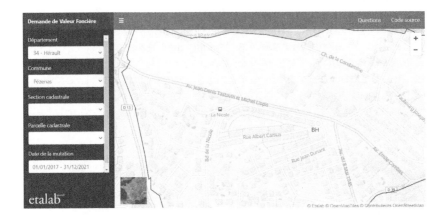

Nous voyons que nous sommes en zone BH du plan local d'urbanisme. Nous n'avons plus qu'à cliquer sur la zone. Et en cliquant sur la zone, Vous avez des zones foncées qui apparaissent à l'écran. Ces zones foncées sont les zones où il y a eu des ventes au cours de 5 dernières années. (A vous d'affiner la date sur la partie date de la mutation).

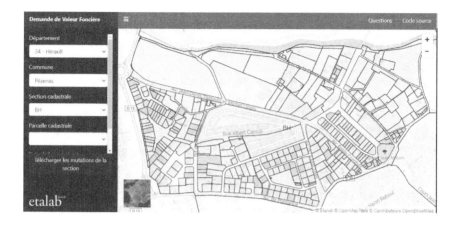

Maintenant si vous cliquez sur une des zones foncées. Vous allez voir apparaître à l'écran :
- La date de la transaction
- Le prix de vente net vendeur
- L'adresse exacte du bien
- Le type de bien (maison, terrain, …)
- Les caractéristiques du bien

Comme dans l'exemple ci-dessous.

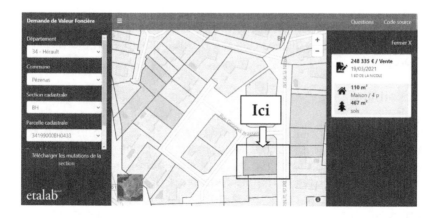

C'est ainsi que vous pouvez vous servir de DVF. Maintenant, pour savoir si le prix qu'on vous propose est intéressant, vous devez le comparer au prix au m² que vous allez trouver sur DVF.

Astuce : Si vous êtes dans une zone urbaine, et que vous n'avez pas eu de transaction sur les terrains dans cette zone depuis des lustres, sachez qu'une manière empirique de déduire le prix d'un terrain c'est de prendre la valeur de la maison construite dessus et de la diviser par deux.

Car au moment de la construction, en zone urbaine, le terrain comptera pour environ 50% des dépenses totales de construction en général. Dans les zones ultra huppées (zones avec des terrains à plus de 300.000€) il coûtera parfois 60% à 70% du coût total du projet. Tandis que dans les zones rurales, ça ne représentera que 25% du coût total environ.

A vous d'adapter votre grille de lecture à ce que vous allez voir sur le terrain.

9.2.4 - Qu'est-ce que vous pouvez faire sur ce terrain ?

Tout ce que nous avons fait pour le découpage de la maison reste valable. Mais pour la partie 100% terrain, il y a des éléments à prendre en compte. Et qui si vous n'y prenez garde vont plomber votre projet.

L'accessibilité :

Le premier sujet à considérer quand vous visitez un terrain c'est son accessibilité. Tout terrain enclavé est inconstructible. Et par enclavé, on entend un terrain qui n'a pas un accès à une voie publique ou privée. Et si la mairie vous prive de l'accès pour un deuxième terrain, vous ne pourrez pas diviser le terrain. Mais un schéma vaut mieux que mille mots. Alors regardons les cas de figure.

Premier cas : Le terrain débouche sur une rue très passante de la ville.

```
| Entrée actuelle |
        Trottoir
   Rue de la ville très passante
```

Ici, clairement, vous êtes en danger de refus de la part de la ville. Cela ne veut pas dire qu'ils vont vous dire nécessairement non. Cependant, pour des raisons de fluidification du trafic, la mairie peut vous dire non. Car, qui dit deux entrées dit deux familles, et plus de voitures pour s'insérer dans la circulation.

Je n'ai jamais eu le cas personnellement, mais je connais des investisseurs à qui c'est arrivé. Donc, si vous êtes dans une telle configuration, demandez un certificat d'urbanisme opérationnel. Que la ville vous dise clairement quelle est sa position avant d'acheter le terrain. Et dans les clauses suspensives de la vente, la réponse de la mairie doit être insérée comme condition à la finalisation de la vente.

Si vous ne pouvez pas faire deux entrées séparées, cela signifie que les deux maisons vont partager la même entrée, ce qui est la caractéristique d'un permis d'aménager. Et qui dit permis d'aménager dit complications dans les travaux à effectuer, et obligation de viabiliser les terrains. Et par conséquent, vu le faible nombre de lots, marge très faible à la fin de l'opération.

Votre notaire peut vous conseiller de créer une copropriété pour éviter de faire un permis d'aménager. Mais c'est des cas complexes avec de lourdes implications. Par conséquent, je vous conseille de vous rapprocher de votre notaire si vous avez ce cas. Il saura vous conseiller sur la marche à suivre si la mairie vous refuse les deux accès indépendants. Un géomètre expert saura aussi vous apporter un appui. Par conséquent, dans ce genre de configurations, n'allez pas voir seuls la mairie. Passez par un expert géomètre.

Deuxième cas : Le terrain débouche sur une rue peu passante de la ville.

Ici, les chances de refus sont assez minces si les autres conditions sont remplies. Car la mairie n'a aucune inquiétude sur le fait que vous risquez de faire que la circulation dans la ville soit engorgée.

| Entrée actuelle |
| Trottoir |

Rue de la ville peu passante

Troisième cas : Le terrain débouche sur un chemin privé

| Entrée actuelle |
| Trottoir |

Chemin privé

Dans ce cas de figure, la mairie s'en fiche. On ne vous refusera pas la division sur le motif de la potentielle création de bouchons. En revanche, les voisins du terrain eux risquent de ne pas apprécier le fait que le terrain soit divisé. Et si par exemple, vous avez besoin administrativement d'une signature de leur part, ils peuvent choisir de vous faire la misère, en faisant trainer la signature.

Ils n'ont aucun pouvoir pour l'empêcher. Mais si vous tombez sur des gens casse pieds, attendez-vous à ce qu'ils fassent des recours contre les permis de construire qui seront déposés.

Si toutes les règles sont respectées, il ne se passera rien. Juste un peu de temps perdu pour tout le monde.

Quatrième cas : Le terrain débouche sur une route nationale ou une départementale

| Entrée actuelle |
| Trottoir |

Route nationale / Départementale

Ici, les risques de refus sont très élevés. Donc pensez à demander un certificat d'urbanisme opérationnel pour valider la faisabilité du projet.

Les réseaux :

Nous avons déjà parlé des réseaux, mais il y a un mot qui doit vous faire fuir : L'extension de réseau. Cela signifie que dans le secteur où vous avez le terrain, les réseaux n'arrivent pas. Et donc l'opérateur du réseau (eau, électricité, …), doit créer quelque chose de spécifique pour vous.

Cela fait exploser la facture. Si vous avez ce cas, faites une énorme négociation sur le prix demandé pour le terrain ou laissez tomber le projet, sauf si vous êtes satisfaits du bilan financier de l'opération.

Le droit applicable sur le terrain

N'achetez que des terrains ou des biens situés dans des zones soumises aux lois de l'urbanisme. Si vous achetez un bien dans un PATUS, vous allez avoir du mal à vous faire aux contraintes. Mais qu'est-ce qu'un patus ?

Un patus, c'est une forme de partage de la terre valable en droit coutumier. Il en existe peu en France, mais ça existe toujours. Concrètement, dans un patus, seuls les biens immobiliers construits appartiennent à leur propriétaire, la terre elle appartient à la communauté.

Par conséquent, votre voisin a tout à fait le droit de venir faire un barbecue sur votre terrasse. Et vous avez interdiction d'ériger des clôtures. Les gens ne le respectent pas toujours, mais sachez que l'implication concrète c'est celle-là.

9.2.5 - Êtes-vous dans le cas d'un permis d'aménager ou d'une déclaration préalable ?

Voici un schéma simple qui vous aidera à comprendre rapidement si vous êtes dans l'un ou l'autre des cas. Je vous invite quand même à consulter un expert géomètre pour valider votre compréhension.

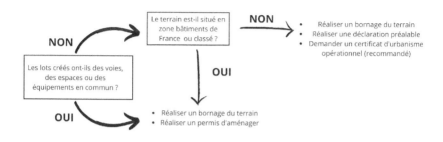

9.2.6 - Cas pratique de division

Attention, ce cas pratique n'a pas de solution dans ce livre. A la fin du chapitre je vous dirai où trouver la solution. Ce cas pratique est réellement un cas pratique. Ce qui veut dire que vous allez devoir poser le livre et retrouver les informations dont vous avez besoin afin de pouvoir trancher.

Vous êtes intéressés par un terrain de 1000 m² dans la commune de Saint Jory, en périphérie de Toulouse. Saint Jory, a pour code postal 31790. Pour la visite, l'agent immobilier vous a donné rendez-vous devant l'école Jean de la Fontaine.

Ce que vous avez vu sur interne vous permet de savoir que le terrain n'est pas viabilisé. Il est en zone tout à l'égout. Il débouche sur une voie peu passante. Il fait 25 mètres en façade côté rue, pour 40 mètres de profondeur. En vous renseignant sur internet via le site meilleurs agents, vous savez que les prix des maisons ont augmenté de 25,8% depuis 2019.

Le terrain est vendu à 170.000€ hors frais d'agence. Il y a 5% de frais d'agence à payer sur le bien. L'agent immobilier au courant de votre projet de division vous dit que vous pourrez revendre chaque parcelle à 150.000€ net vendeur si les terrains sont viabilisés.

Pour viabiliser l'ensemble des terrains, il vous faudra 20.000€.

Questions :

- Devez-vous acheter ce terrain ?
- Devez-vous faire une déclaration préalable ou un permis d'aménager ?
- Si jamais vous devez acheter ce terrain pour y faire construire une maison et la revendre, l'agent immobilier vous annonce que vous pourrez revendre la maison à 300.000€. Devez-vous le croire ?
- Imaginons que vous puissiez revendre la maison à 300.000€ et qu'à construire elle vous coûte 180.000€. Quelle est la plus-value que vous faites une fois que vous avez payé les impôts si vous revendez avant 5 ans ?

Ps : N'hésitez pas à lire le plan local d'urbanisme de Saint-Jory. Vous pouvez le trouver facilement sur Google en tapant "PLU saint-jory"

9.2.7 - Conclusion

Vous avez découvert plusieurs méthodes pour pouvoir vous enrichir avec les maisons ou les terrains à bâtir. Vous avez appris comment calculer la rentabilité des affaires que vous allez trouver. N'oubliez pas, à la seconde où vous devez propriétaire d'une maison, même si vous allez vous en servir pour un achat revente, et que vous n'allez même pas l'habiter, pensez à l'assurer !

Chapitre 10 – Les cas complexes mais qui rapportent gros rapidement

10.1 - L'extension d'une habitation

Réaliser une extension d'une habitation, c'est lui rajouter des mètres carrés au sol, sans créer d'étage supplémentaire. Il y a deux manières de le faire.

La première manière (et la plus facile), c'est de transformer le garage en pièce de vie. C'est à ça que les particuliers vont penser en premier quand il s'agira d'aller chercher des m² supplémentaires. Et la deuxième consiste à construire et à coller une nouvelle construction à la maison.

10.1.1 - Transformation du garage en pièce de vie

Cette transformation n'est pas la plus chère à réaliser. Mais évitez de la faire dans des zones où le prix/m² des habitations est inférieur à 1000€/m². Car c'est *environ* ce prix-là que vous allez payer pour l'aménagement du garage en pièce habitable. N'hésitez pas à demander plusieurs devis à des artisans.

Mais attention il y a des subtilités dans les démarches administratives à faire.

Type de commune	Caractéristiques du garage	Démarche administrative à réaliser
Commune couverte par un Plan Local d'Urbanisme	Surface du garage < 40 m² et il n'y a pas de modification de la façade	Déclaration préalable de travaux
	Surface du garage < 40m² avec modification de façade	Permis de construire
	Surface du garage < 40 m² amenant la surface totale du logement à + de 150 m²	Permis de construire
	Surface du garage > 40 m²	Permis de construire
Commune non couverte par un Plan Local d'Urbanisme	Surface du garage < 20 m² et il n'y a pas de modification de la façade	Déclaration préalable de travaux
	Surface du garage < 20m² avec modification de façade	Permis de construire
	Surface du garage < 20 m² amenant la surface totale du logement à + de 150 m²	Permis de construire
	Surface du garage > 20 m²	Permis de construire

Sachez qu'initialement le garage n'est pas compté dans le calcul de la surface sur laquelle on va vous faire payer la taxe foncière et la taxe d'habitation. Donc il y a une implication fiscale qui n'est pas négligeable.

Attention : Dans la plupart des PLU, on vous impose un nombre de places de parking par logement. Par exemple dans les zones où il existe un PLU, on peut vous refuser le permis de construire si vous ne savez pas démontrer que vous aurez les deux places de parking sur votre terrain.

Je vous déconseille de faire la modification sans demande à l'urbanisme. Car, les conséquences peuvent être lourdes. Comme la démolition pure et simple, et si vous vous entêtez, ça peut aller jusqu'à de la prison.

Les principaux postes de dépense sont :

- L'électricité
- L'isolation acoustique et thermique, et selon l'âge de la maison, faire l'isolation thermique du sol peut être une bonne idée
- La peinture
- La plomberie (si vous voulez faire une suite parentale par exemple)
- Les menuiseries

Maintenant, faisons le calcul. Imaginez que vous avez acheté une maison dans laquelle il n'y avait pas de travaux à faire. La maison a un garage double de 30 m². Vous êtes dans une zone où le prix au m² pour une maison coûte 3000€. La maison fait actuellement 84 m² habitables.

Les coûts engagés pour acquérir la maison :

- Prix net vendeur : 252.000€
- Frais d'agence : 15000€
- Frais de notaire : 19000€
- Total : 286000€

Ici vous pouvez avoir deux cas de figure. Vous habitez la maison 12 à 18 mois avant de la revendre. Ou vous revendez directement dans la foulée. ***Si vous revendez dans la foulée ET que c'est votre première vente d'un bien immobilier***, vous ne pouvez pas être requalifiés de marchands de bien. Par contre, vous vous mettez une cible sur le front. Et le fisc va vous suivre à la loupe. Je ne vous recommande donc pas de faire ça.

Imaginons que vous revendez dans la foulée après avoir transformé le garage en suite parentale avec dressing de 20 m², et que vous avez injecté les 10 m² restants pour agrandir la pièce de vie et l'amener à 50 m².

Les travaux vous ont coûté au total 35000€. Est-ce que vous faites une bonne affaire en revendant tout de suite ?

Pour répondre à cette question, rien de plus facile. Il faut calculer combien vous avez dépensé au total. Et calculer combien vous pourrez vendre au total. Ensuite il suffit de faire une soustraction.

Total des dépenses :
- Prix net vendeur : 252.000€
- Frais d'agence : 15000€
- Frais de notaire : 19000€
- Travaux : 35000€
- **Total : 321.000€**

Prix de vente : 3000€ x (84 + 30) = 342.000€

Plus-value si revente immédiate : 342.000 - 321.000€ = 21.000€. Comme vous avez gardé moins de 5 ans, vous devez au fisc 7602€. Il vous resterait dans la poche 13.398€. Ce n'est pas énorme au vu du boulot abattu. Je vous recommande au contraire d'y emménager et de faire le calcul suivant.

Imaginez que vous ayez un prêt immobilier, et que tous les mois vous amortissez 850€ de capital. Pour rappel un amortissement c'est la part de capital que vous remboursez une fois que vous avez payé les intérêts d'emprunt et l'assurance emprunteur tous les mois.

Vous avez des frais annexes de 15.000€ (frais d'agence) et 19.000€ (frais de notaire). Votre calcul peut très bien être de récupérer ces frais avant de revendre. Car il y a quand même sur la table 34000€ à récupérer ce n'est pas rien. Le calcul à faire c'est de diviser le montant des frais annexes par le montant de capital que vous amortissez tous les mois. Cela va vous donner le nombre de mois nécessaires pour que vous ayez récupéré les frais annexes.

Soit dans notre cas 34000€/850€ = 40 mois. Soit trois ans et demi. Et au bout de cette période, vous aurez dans votre poche : 342.000€ - 287.000€ = 55000€. Sur lesquels vous ne verserez

AUCUN impôt sur la plus-value grâce à cette niche fiscale qu'est la résidence principale.

C'est un projet accessible à tout le monde. Car il n'a aucune complexité technique. C'est un projet de rénovation simple. Mais attention si vous faites ça à bien mettre à jour votre assurance, et à vous attendre à voir vos impôts qui augmentent.

10.1.2 - L'extension horizontale

Ici, il faut regarder impérativement le plan local d'urbanisme. Ce qui va vous intéresser, c'est l'emprise au sol déjà occupée par la maison présente sur le terrain. Car, c'est cette condition qui va décider de si vous avez ou pas le droit de réaliser votre extension.

Attention : Le plan local d'urbanisme applicable est celui qui est valable au moment de votre demande. Il est donc possible qu'à une époque, le plan local d'urbanisme prévoyait une emprise au sol de 20% et que depuis il autorise 30%. Ou le contraire. Pensez donc à bien le lire, pour comprendre ce qui est compris dans l'emprise au sol.
Soyons concrets. Dans l'emprise au sol du PLU est obligatoirement comprise :

- La surface au sol, occupée par la partie habitable de la maison

Cependant, parfois on va retrouver dans l'emprise au sol :

- La surface occupée par la piscine
- La surface au sol occupée par l'abri de jardin
- La surface au sol occupée par la terrasse
- La surface au sol occupée par le garage
- …

Par conséquent, c'est extrêmement compliqué de savoir à priori, sans lire le PLU si niveau emprise au sol on est bons ou pas. Certains propriétaires font des travaux sans l'accord de la mairie. Mais vous pouvez vous retrouver avec la mairie qui vous demande de casser ce que vous avez fait si ce n'est pas conforme au PLU.

Attention donc à ce que vous faites.

Pour réaliser votre extension de maison, vous devez procéder comme pour une construction de maison.

1. Vous devez faire une étude de sol pour savoir quelle est la structure de votre sol
2. Vous devez faire les démarches administratives nécessaires auprès de la mairie : Déclaration préalable ou permis de construire (voir dans quel cas vous vous trouvez dans le plan local d'urbanisme)
3. Trouver un constructeur pour exécuter le chantier
4. Faire réaliser votre chantier
5. Réceptionner votre chantier

Prenons un cas concret pour que vous voyiez la puissance de cette approche. Pour une extension, comptez entre 1500€/m² et 2000€/m² . Imaginons que vous avez trouvé une maison qui a les caractéristiques suivantes.

Maison :
- Surface habitable : 75 m²
- Taille du garage : 16 m²
- Surface de la terrasse : 10 m²
- Surface de l'abri de jardin : 5 m²
- Hauteur de l'abri de jardin : 1,9 mètres
- Taille de la parcelle : 850 m²

Informations de l'urbanisme :
- Est-inclus dans l'emprise au sol :
    - La surface habitable de la maison
    - Le garage
    - La terrasse même non couverte
- Emprise au sol : 30%

- Ce terrain est issu d'une division précédente. Par conséquent la surface de plancher autorisée est de 120 m²

Chiffres de l'acquisition :

- Prix d'achat : 180.000€ (après négociation. Sinon le prix au m² est de 2900€/m² dans le quartier)
- Frais d'agence : 8000€
- Frais de notaire : 13.500€
- Travaux : 0€
- Total : 201.500€

Chiffres de l'extension :
- 1850€/m² soit au total 37000€

Questions :
- Pouvez-vous réaliser une extension de 20 m² de cette maison ?
- En imaginant que vous fassiez une extension de 20 m² de cette maison, quel est votre bénéfice ?

Avant de lire les réponses, vous devez chercher les réponses vous-même. Car c'est ainsi que vous allez analyser vos dossiers.

Réponses au cas.

Pouvez-vous réaliser une extension de 20 m² sur ce terrain ?

Ici, j'ai rajouté à dessein une subtilité que nous n'avons pas encore rencontrée. Ainsi, vous aurez vraiment l'œil aguerri quand vous allez analyser vos dossiers. La subtilité repose sur la notion de "surface de plancher".

Une surface de plancher, c'est la somme des surfaces de tous les niveaux construits, dont la hauteur sous plafond est supérieure à 1.80 mètres calculée entre le haut de la plinthe et le plafond.

De plus, en lisant le plan local d'urbanisme (PLU) vous vous rendez-compte que l'abri de jardin n'est pas inclus dans l'emprise au sol. Cependant, il occupe une place sur le terrain et sa hauteur est supérieure à 1.80 à l'intérieur. Par conséquent, il compte dans la surface de plancher, de même que le garage et la maison. En revanche, la terrasse n'est pas couverte, et bien qu'elle soit incluse dans l'emprise au sol, elle ne compte pas dans la surface de plancher.

Par conséquent, la surface de plancher totale déjà occupée par le terrain est de : 75 m² (maison) + 16 m² (garage) + 5 (abri de jardin) = 96 m².

La surface de plancher autorisée étant de 120 m², on peut encore implanter une surface de 120 m² - 96 m² = 24 m².

En conclusion, oui, vous pouvez réaliser une extension de 20 m² sur ce terrain.

Quelle est votre marge ?

La première chose à faire c'est de calculer ce que vaut la maison. Dans le quartier, le prix/m² est de 2900€/m². Par conséquent, la maison que vous avez achetée vaut 75 x 2900 = 217.500€.

Pour l'acquérir, vous avez dépensé (tout compris, y compris les frais de notaire) : 201.500€. Et vous allez faire 37.000€ de travaux d'extension. Soit un total de 238500€. Mais si vous revendez, vous revendrez au prix au m² du quartier.

La surface de la maison passe alors de 75 m² à 95 m². Ainsi, vous pouvez la vendre à 2900 x 95 = 275.500€. Soit 37000€ de marge immédiate. Après si vous revendez tout de suite, les impôts vous taxeront comme vu dans les chapitres précédents.

10.2 - La surélévation d'une habitation

La surélévation d'une habitation est une opération par laquelle vous allez rajouter un étage à une maison. Comme l'extension horizontale, c'est un projet qui marche exactement de la même manière. Les contraintes d'urbanisme sont les mêmes. Mais il y a quand même quelques spécificités selon que :

- Vous achetez une maison
- Vous achetez un appartement

Si vous achetez une maison, vous devez procéder exactement comme pour le cas de l'extension. Attention quand même à faire une étude de la structure de la maison. Rajouter un étage n'est pas anodin. Car on rajoute sur les fondations un poids qui n'était peut-être pas prévu initialement. Donc, passez par un bureau d'étude ou par un architecte pour qu'ils s'assurent que votre surélévation va être portée par la maison sans problème. Et le cas échéant, rajouter les renforts qui vont bien à la maison.

Si vous achetez les combles d'un immeuble par exemple, vous pouvez avoir envie de surélever les combles pour vous faire un appartement duplex. Mais en plus des conditions liées à l'urbanisme de la ville, vous devez aussi avoir l'autorisation de la copropriété.

Donc dans le cas d'un appartement en dernier étage :

1. Assurez-vous que le projet est autorisé par le PLU
2. Validez la faisabilité technique du projet : Allez voir un architecte pour qu'il s'assure que l'immeuble peut porter l'étage supplémentaire que vous souhaitez ajouter
3. Obtenez l'accord de la copropriété. Vous devez leur montrer l'étude de l'architecte, et leur donner quelque chose en échange. Par exemple, vous pouvez dire à la copropriété que s'ils vous validente le projet, vous allez faire repeindre à vos frais la cage d'escalier…. C'est donnant donnant

Et le calcul de la plus-value se comporte exactement comme dans le cas d'une extension de maison.

10.3 - La transformation d'un local commercial en habitation

En centre-ville, une des options souvent négligée dans la recherche de biens d'habitation est le rachat d'un local commercial, dans le but de le transformer en habitation. Pourquoi est-ce une opération intéressante ?

La raison est simple : Le prix au mètre carré d'un local commercial est inférieur à celui d'une habitation. C'est un avantage non négligeable. Car cela veut dire que vous pouvez acheter dans un endroit où normalement vous n'auriez pas eu les moyens, pour ensuite revendre au prix fort.

Mais c'est un chemin long et pénible. La première chose à faire, est de réaliser un changement de "destination", pour qu'aux yeux de la loi, il soit désormais vu comme un logement. De plus, souvent ces locaux sont situés dans une copropriété, vous devez lire le règlement de copropriété pour voir si quelque chose dans le règlement de la copropriété s'y oppose.

Si rien dans le règlement de copropriété ne s'oppose au changement de destination d'un local, alors vous devez consulter le plan local d'urbanisme de la zone. Car dans certaines zones, le PLU peut interdire la transformation de locaux en habitation pour protéger le commerce de proximité.

Si vous allez modifier la façade du bâtiment, vous devez déposer un permis de construire. Si vous ne touchez pas à la façade, vous devez déposer une déclaration préalable de travaux. Une fois que vous avez reçu le feu vert pour réaliser votre projet, vous devez informer le cadastre du changement de destination.

Pour éviter de vous prendre la tête, vous pouvez vous faire assister d'un architecte, et lui déléguer toute la partie administrative.

Pour que vous saisissiez l'intérêt de cette transformation, prenons un cas pratique. Vous achetez un local commercial de 50 m² que vous allez transformer en petit T3. Vous l'avez payé 4000€/m² dans une zone où les appartements se vendent à 6000€/m². Vous réalisez une rénovation lourde, à 1000€/m². Il vous revient donc à 5000€/m². Donc vous avez par m² une marge de 1000€, soit au total 50.000€ de marge.

Si vous revendez dans la foulée, vous aurez l'impôt sur la plus-value à payer comme vu dans les chapitres précédents.

Partie 4 – Atteindre les 100.000€ en cash en 5 ans (ou plus rapidement)

Chapitre 11 – Exemple de stratégie pour avoir 100.000€ en 5 ans

Quand on débute, il est très important de réussir son premier projet. Si on se plante, on peut mettre des années à s'en remettre. Alors, n'ayez pas les yeux plus gros que le ventre.

5 ans cela veut dire gagner en moyenne 20.000€ par an grâce à l'immobilier.

Pour vous montrer que c'est possible, on va se mettre dans le cas d'une personne célibataire qui gagne 1400€/mois net. Cette personne a fait le ménage dans ses crédits à la consommation, et les a tous éliminés. Ensuite imaginons que cette personne n'ait que 5000€ d'épargne.

Sachez que moins vous avez un salaire important, plus vous devez supprimer les crédits à la consommation car ils ont un impact négatif sur votre capacité d'emprunt.

Cela veut dire que cette personne peut emprunter assurance comprise au moment 0,35x1400€ = 490€/mois. Ce qui lui fait un budget de 103.000€ environ frais de notaire et frais d'agence inclus. Ce qui fait une capacité d'achat nette d'environ 90.000€.

Cette personne habite dans le sud-ouest de la France, à Narbonne dans l'Aude (11).

Après avoir fait ses recherches, voici les biens qui remontent à la surface. (Biens trouvés sur le site leboncoin, le 14/11/2022. Sans avoir cherché longtemps).

Bien numéro 1 :

- Type de bien : 3 pièces
- Surface : 56 m²

- Etage : 3ᵉ étage sans ascenseur sur 3
- Localisation : Narbonne en centre-ville
- Prix demandé : 81.000€ frais d'agence inclus
- Etiquette DPE : E
- Charges de copropriété : 726€/an
- Statut : Appartement loué 495€/mois. Locataire à jour de ses loyers
- Rentabilité brute actuelle : 6.82%
- Etat de l'appartement : Prévoir rafraichissements
- Le plus en rendement entrepreneurial : Grenier de 55.67 m² rattaché au lot*
- Garage : Pas de garage
- Extérieur : Pas d'extérieur

*Quand vous lisez ça, pensez à diviser la surface par deux, parce que en général pour gonfler la surface, les agents immobiliers ne vous mettent pas des mètres carrés en loi carrez, mais la surface au sol.

Bien numéro 2 :

- Type de bien : 3 pièces
- Surface : 60 m²
- Etage : Rez de chaussée sur cours
- Localisation : Narbonne en centre-ville
- Prix demandé : 78.000€ frais d'agence inclus
- Etiquette DPE : D
- Charges de copropriété : 360€/an
- Statut : Appartement vide le jour de la vente
- Rentabilité brute actuelle : 0%
- Etat de l'appartement : Pas de travaux à prévoir
- Le plus en rendement entrepreneurial : Pas de rendement entrepreneurial
- Garage : Pas de garage
- Extérieur : extérieur de 21 m² rattaché au lot

Bien numéro 3 :

- Type de bien : T2 bis

- Surface : 54 m²
- Etage : 3ᵉ étage sur 3
- Localisation : Narbonne en hyper centre-ville
- Prix demandé : 80.000€ frais d'agence inclus
- Etiquette DPE : F
- Charges de copropriété : 360€/an
- Statut : Appartement vide le jour de la vente
- Rentabilité brute actuelle : 0%
- Etat de l'appartement : Réagencement de l'appartement à prévoir pour passer d'un T2 bis à un T3
- Le plus en rendement entrepreneurial : combles aménageables de 24 m² carrez
- Garage : Pas de garage
- Extérieur : pas d'extérieur

Maintenant, laissez-moi vous poser une question : Que ce soit en achat revente, ou en location, lequel de ces 3 biens devez-vous choisir ?

   a) Le bien numéro 1
   b) Le bien numéro 2
   c) Le bien numéro 3

Si vous avez choisi le bien numéro 2, relisez entièrement le livre. Vous êtes passés un peu trop vite !

Ne restent que les biens 1 & 3. Les deux ont en commun le fait d'avoir des DPE qui sont supérieurs à E. Cela signifie que c'est des logements à consommation excessive. Pour ne pas vous mettre sur la piste, je n'ai pas mentionné les travaux d'isolation. Dans la liste des travaux précédente.

Qui dit DPE E ou F, dit qu'on peut négocier le prix de manière agressive. L'argumentaire face au vendeur (en direct ou de l'agent immobilier est le suivant).

Je suis un investisseur immobilier, par conséquent, depuis les changements induits par la loi climat, les logements de catégorie E,F, et G sont dans le collimateur. Dès 2023 les logements de catégorie G seront interdits à la location. Et assez rapidement, les logements de la classe F suivront.

Ce qui implique que des gros travaux d'isolation devront avoir lieu dans l'appartement. Cela va générer un surcoût sur le budget travaux prévu initialement pour refaire les contre cloisons, les ouvrants, le plafond voire les sols. Ce qui n'est pas neutre en matière de Budget.

Par conséquent, entre tous ces postes de dépenses, j'évalue le surcoût à 12.000€ par conséquent, je vous fais une offre à xxx.

La loi climat est une aubaine pour faire baisser les prix. Si le vendeur refuse d'entendre raison, laissez-lui son bien sous les bras, vous n'êtes pas un pigeon.

Il y a fort à parier qu'il va vous faire une contre-offre autour des 7000€-8000€ de baisse. Ce qui est déjà bien pour une négociation sur un bien à 80.000€ (presque 10% de baisse).

D'un point de vue localisation, à titre personnel, je choisirai le bien numéro 3. Potentiel identique au bien numéro 1, mais meilleur emplacement. Les calculs suivants vont donc se concentrer sur le bien numéro 3.

Le prix au m² à Narbonne dans le centre est de 1260€ en fourchette basse 2150€ en prix moyen et 3550€ en prix au m² haut.

Là pour le bien numéro 3 on a 54 (appartement) +24 (combles) = 78 m² carrez. Qu'on va payer 73000€. Soit 935.8€/m².

Maintenant faisons les calculs :
- Prix d'achat : 73000€ FAI
- Frais de notaire : 5475€
- Prix des travaux : 26000€ (1000€/m² pour les travaux dans les combles (création de 2 chambres), et l'isolation complète de l'appartement
- Coût total : 104.475€.

Si on rajoute la garantie et les frais bancaires, cela fait un projet autour de 108.000€. Notre investisseur devra mettre 4000€ de sa poche.

Maintenant, quels sont les concepts possibles ?

Il y a 3 choix possibles qui ont chacun leurs avantages et leurs inconvénients.

Concept 1 – Appartement T5. On ne touche pas à la structure du logement.

- Chambres 1 & 2 : 10 m²
- Chambres 3 & 4 : 12 m²
- Nombre de salle de bain : 1
- Taille de la salle de bain : 6 m²
- Nombre de toilettes 1
- Taille des toilettes : 2 m²
- Taille du séjour + Cuisine : 26 m²

Notez que quand on est sur de grands appartements, on parle à un public familial. Cette configuration ne marche que si vous voulez faire de la colocation. Je vous déconseille de la faire si vous voulez faire de l'achat revente.

Vous imaginez une famille avec 4/5 personnes s'entasser dans 26 m² de séjour et cuisine dans une ville de province ? La réponse est non. Les gens ont besoin d'espace.

Cela dit, cette configuration est celle qui permet de dépenser le moins possible pour les travaux.

Concept 2 : Appartement T4 – avec une suite parentale au rez de chaussée et une salle de bain à l'étage.

- Suite parentale : 18 m² (12 m² de chambre, 3 m² dressing, 3 m² de salle de bain)
- Toilettes séparées : 2 m²
- Cuisine & Séjour : 34 m²
- Chambres 3 & 4 : 10 m² (chacune)
- Salle de bain de l'étage + toilettes de l'étage : 4 m²

Ici, vous êtes dans la configuration où vous allez retoucher à l'appartement. Les travaux coûtent plus cher, mais c'est ici que vous allez faire le plus d'argent.

Vous offrez plus d'espace de vie à une famille. Les deux chambres à l'étage permettent de séparer l'espace nuit des parents de celui des enfants. Ainsi, les parents peuvent garder leur vie intime en toute quiétude.

Les enfants ont leur univers à l'étage, et même leurs toilettes. De plus la pièce de vie est spacieuse. Et une famille peut s'y retrouver facilement.

De plus, les charges de l'appartement sont très faibles, ce qui le rend particulièrement compétitif face aux autres appartements.

Le concept 2 est celui que je recommanderai. Mais, du fait du budget limité, pour réduire les coûts, il y a des chantiers à se réserver à soi-même en matière de travaux. Comme la peinture. De plus, au lieu d'aller vers des sols en parquet flottant dans les chambres, des vinyles imitation parquet feront parfaitement l'affaire pour beaucoup moins cher. La pose est plutôt aisée. Cela laisse aux pros le démontage et le montage de cloisons, l'isolation etc.

Vous avez un prix moyen des appartements de type 4 à 1500€/m². Mais vu que vous répondez parfaitement aux besoins d'une famille, et que votre appartement est neuf, les 1650€/m² ne sont pas hors de portée. Bien que dans les faits vous vendrez plus cher (au vu des chiffres sur les transactions) …Mais le but dans les prédictions étant d'être pessimistes, restons-le.

Une analyse du marché montre que les types 4 font toujours plus de 100 m² à Narbonne, et seront par conséquent plus chers. Donc avec moins de clients potentiels. Alors que le vôtre, par son prix et ses prestations drainera plein de monde.

Maintenant faisons les calculs.

Prix d'achat : 104.500€
Prix de vente net vendeur : 128.700€

Durée du projet : 12 mois.

Vous revendez après y avoir élu domicile en résidence principale. Donc vous avez une marge nette d'impôts de 24.200€. Si on enlève votre apport initial de 4.000€ vous avez gagné 20.200€ sur 1 an. Grâce à 1 seule opération.

Ensuite il refait 4 fois ce type de projets. Et en 5 ans, il aura bien ses 100.000€ au bout de 5 ans.

J'ai pris volontairement un profil avec un salaire extrêmement bas. Avec des projets assez simples à mettre en œuvre, dans une ville où le prix au m² est assez faible. Maintenant si vous êtes dans une ville à 2000€/3000€ ou plus en prix au m², alors le retour sur investissement sera assez rapide. Et par conséquent arriver à 100.000€ de plus-value sera beaucoup plus rapide.

Vous vous rendez par conséquent compte que 100.000€ c'est un objectif totalement atteignable, même si vous avez des revenus assez faibles.

Car, il se passe quoi si la personne concernée gagne 1800€/mois au lieu de 1400€/mois ? Et si elle gagne 2500€/mois ?

Plus vous gagnez bien votre vie, plus vous allez accélérer. Mais même avec un petit salaire, vous arriverez au même résultat. Cela vous prendra juste un peu plus de temps.

Chapitre 12 – Créer sa propre stratégie en fonction de sa situation personnelle

Pour créer votre propre stratégie, vous devez identifier deux choses :

- Le type de projets adaptés à la ville dans laquelle vous vivez
- Les ressources dont vous disposez

Et c'est dans l'adéquation entre vos ressources et le budget nécessaire que vous avez que vous allez pouvoir choisir le type de projets que vous voulez.

Parmi les types de projets d'investissement possibles, seuls une fraction d'entre eux seront compatibles avec votre budget. Par conséquent, vous devez comprendre de quoi il s'agit, afin de n'aller que sur des dossiers qui sont finançables pour votre profil.

De plus, vous devez identifier pour commencer le type de projet le mieux adapté à votre profil. Et vous devez vous spécialiser dans ce type de projet.

Cela aura deux avantages pour vous :

- **Avantage 1 :** Les apporteurs d'affaire vous identifieront mieux
- **Avantage 2 :** Vous serez extrêmement compétents dans ce que vous faites et vous réaliserez plus rapidement vos projets

Maintenant, passons les types de projets en revue. Et regardons comment savoir si cela vous correspond.

De plus, faites attention au DPE du bien. Car si le DPE est inférieur à C, vous allez devoir prévoir un poste isolation pour le bien. Par conséquent, cela va se ressentir sur le coût de vos travaux.

Donc lisez bien le DPE !

Ensuite, en mesure de sécurité, pour rien au monde vous ne devez acheter les biens immobiliers suivants :

- Bien immobilier au sein d'une succession où il y a un litige. Si vous faites ça, la procédure sera longue et tortueuse. Votre temps est précieux, vous n'avez que 5 ans pour atteindre votre objectif de 100.000€ donc ne le gaspillez pas inutilement
- Bien immobilier situé dans une copropriété endettée ou sous procédure de litige : Pour rien au monde vous ne devez acheter un bien immobilier situé dans une copropriété surendettée ou en procédure de litige
- Bien immobilier situé dans une copropriété avec des charges trop élevées. Au-delà de 150€/mois de charges sachez que nombreux sont les acheteurs qui ne viendront même pas visiter sauf si vous cassez les prix
- Bien immobilier situé dans une copropriété peu ou mal entretenue. Si lors des visites vous identifiez que la copropriété est mal entretenue, alors n'achetez pas dans cette copropriété

- Bien immobilier dont les éléments de structure sont endommagés. Si vous visitez une maison ou un appartement et que vous apercevez des fissures sur les murs, fuyez ! Peu importe ce qu'on vous raconte, mettez fin à la visite
- Bien immobilier situé dans une zone inondable. Ou une zone ayant été inondée même il y a 20 ans
- Bien immobilier situé dans une copropriété avec un arrêté d'insalubrité. Cela va de pair en général avec les copropriétés surendettées. N'allez pas vous mettre dans cette situation car si la copropriété est dans cet état c'est que les autres copropriétaires n'ont pas envie de faire les travaux, ou n'ont pas les moyens, et la situation ne fera qu'empirer
- Bien immobilier situé dans une copropriété avec un arrêté de péril
- Bien immobilier situé à côté d'un autre avec arrêté de péril
- Bien immobilier avec vue dégagée, mais terrain constructible juste sous les fenêtres. Car, le jour où une maison ou un immeuble est construit, la luminosité du bien va chuter. Et avec elle la valeur du bien
- Bien immobilier situé dans un quartier mal fréquenté (dealers, voyous, prostituées…)
- Bien dont le bail est en cours, et dont le locataire ne payait pas le loyer au bailleur, et à qui le bailleur n'a pas notifié de congé pour vente

De plus, en matière de prix d'achat, n'écoutez pas les conseils des agents immobiliers. Leur calcul est le suivant : Prix de vente + Travaux = Valeur de l'appartement sur le marché.

Quel est le problème avec ce calcul ? Eh bien c'est simple, rien n'est à votre avantage. Quel serait l'intérêt pour vous de prendre un projet où à la fin vous ne gagnez rien ? Aucun.

La bonne formule c'est Prix de vente + Prix des travaux + Marge = Prix du marché.

N'oubliez jamais votre marge dans votre raisonnement. Et la marge que vous faites c'est à vous de la fixer. Mais essayez de fixer des chiffres réalistes. 500€/m² - 1000€/m² c'est un bon début.

12.1 – La rénovation simple d'un appartement

C'est le projet basique où on ne va faire que du rafraichissement d'appartement. Ce projet n'est pertinent que dans les villes où le prix au m² moyen est faible (inférieur à 1400€/m²).

Car, quand on engage des rénovations lourdes, on se rapproche souvent des prix du neuf en construction. Si cela vous coûte 1400€/m² à rénover et que vous revendez à 1200€/m² vous devez éviter ce projet.

Quand on parle de rafraichissement, on y met des travaux de base comme :

- Créer une prise électrique
- Créer un interrupteur
- Créer un point lumineux
- Changer un sol sans démolition (exemple : mise en place de parquet flottant au-dessus d'un carrelage, ou d'un vinyle dans la salle de bain)
- Monter une cloison
- Peinture

Ce type de projets « décoratifs » font partie de ce dont on parle quand on parle de *home staging*. Ils permettent de créer un coup de cœur donc de vendre l'appartement, mais ils ne valorisent pas suffisamment l'appartement pour permettre de vendre plus cher.

Qu'est-ce que ça vous apporterait d'acheter un tel bien ? Absolument rien, sauf à négocier suffisamment le prix du bien pour que le prix du bien + les frais d'agence + les frais de notaire soit inférieur à sa valeur sur le marché.

Vos cibles pour ce genre de projets :

- Les successions
- Les séparations

C'est les seuls moments où les personnes avec un bien dans un état assez correct vont accepter de baisser le prix. Parce qu'ils sont pressés de vendre.

Cette méthode est une méthode opportuniste, et vous ne pouvez pas baser votre stratégie sur quelque chose qui dépend plus de la chance que de votre talent.

Soyez à l'affût, négociez, mais ne vous dites pas que vous tomberez forcément sur ce cas de figure.

12.2 – La rénovation simple d'une maison

Pour la maison, ici une rénovation simple va correspondre comme pour un appartement à un ensemble de travaux qu'on identifie dans le home staging.

Pour rappel :

- Créer une prise électrique
- Créer un interrupteur
- Créer un point lumineux
- Changer un sol sans démolition (exemple : mise en place de parquet flottant au-dessus d'un carrelage, ou d'un vinyle dans la salle de bain)
- Monter une cloison
- Peinture

Monter une cloison peut par exemple vous permettre de rajouter une chambre supplémentaire ou un bureau, de créer une buanderie, ou un placard dans l'entrée. Ce genre de petits plus feront que la maison va ressortir par rapport à ses concurrentes. Mais en terme de plus-value, ça restera assez faible.

Donc sauf opportunisme, n'allez pas sur ce genre de projets.

12.3 – La rénovation moyenne avec réagencement d'un appartement ou d'une maison

C'est un cas que nous avons déjà rencontré. Et il permet de rajouter une pièce ou un espace supplémentaire, voire de structurer différemment un appartement.

Prenons deux exemples pour être concret.

Cas 1 – On rénove et on monte une cloison

Imaginons que vous voulez acheter un T2 bis qui fait 48 m². Vous savez que la plupart des T3 commencent à 55 m². Par conséquent, comme ils font 7 m² de plus, ils coûteront plus cher qu'un 48 m². Cela dit, le fait d'avoir deux vraies chambres vous permettra de vendre ce T2bis transformé en T3 plus cher que si vous le laissez configuré en T2.

Cas 2 – On rénove mais on ré agence aussi

Ici vous pouvez par exemple être confrontés aux studios qui ont une cuisine disproportionnée et une pièce de vie unique. Parfois c'est le cas de la salle de bain dans les immeubles récents aux normes handicapés.

L'idée c'est de transférer la cuisine dans la pièce de vie et de monter une cloison pour créer une chambre. En plomberie cela coûte un petit billet, mais le retour sur investissement est XXXXLLL.

Conclusion :

Ces types de projets sont adaptés dans les grandes villes comme dans les petites villes. Du moment que le bien concerné est situé dans une zone sous forte tension locative. Car, si un bien est dans une zone sous forte tension locative, les personnes qui voudront racheter votre bien font partie des locataires actuels.

12.4 – On rénove du sol au plafond un appartement

Dans le cas d'une rénovation totale d'un appartement, vous aurez soit :

- A acheter un plateau à rénover
- A acheter un appartement délabré

Retenez ceci : On achète un appartement délabré dans une copropriété en excellent état. Et certainement pas un appartement en excellent état dans une copropriété délabrée.

Les plateaux à rénover sont des produits souvent vendus par des marchands de biens. En général le deal est le suivant :

- Ils rénovent entièrement la copropriété
- Ils apportent l'électricité dans les appartements
- Ils cassent toutes les cloisons et enlèvent les gravats dans les appartements

Et de votre côté vous avez 4 murs et c'est à vous de faire le reste. L'intérêt pour le marchand de bien c'est qu'il peut vendre plus vite ses lots (pas besoin d'attendre la fin des travaux). Pour vous vous avez deux intérêts ici :
- Le fait d'avoir le chantier en cours permet de négocier des choses notamment dans le règlement de copropriété. Par exemple, vous pouvez demander à ce que la location en AirBnB soit autorisée, … Que la porte d'entrée s'ouvre avec un digicode et pas avec une clé, etc …
- La copropriété sera refaite à neuf aux frais du marchand de bien, et pendant au moins 10 ans, vous n'aurez pas un centime à débourser pour les travaux

Attention cependant au prix au m² de l'appartement. Certains marchands de biens (avec leurs associés agents immobiliers) vont fixer des prix juste hallucinants. Par exemple, dans ma ville, en hyper centre les prix au m² sont aujourd'hui à 7000€/m². Maintenant imaginez qu'on vous vende un plateau à 6000€/m² ou 6500€/m², et que vous ayez 1000€/m² de travaux, où sont vos gains ?

Ma formule pour acheter un plateau : Il doit me rester en marge au moins 500€/m². Prenons un exemple pour que ce soit plus clair.

Dans ma ville le prix en hyper centre est de 7000€/m². Pour refaire un appartement à neuf, vous pouvez compter 1000€/m² (ce sera moins car vous n'avez plus de démolition ni de gravats à évacuer mais c'est un chiffre facile à retenir). Si je veux une marge de 500€/m² minimum, quel est le prix maximum frais d'agence inclus ?

Prix maximum FAI = Prix au m² du secteur - Prix travaux au m² - Marge minimale acceptable.

Si on remplace tout ceci par nos chiffres cela donne :

Prix maximum FAI = 7000€/m² - 1000€/m² - 500€/m² = 7000€/m²- 1500€/m² = 5500€/m².

Par conséquent, même si le bien proposé a un prix supérieur, je vais négocier pour faire entrer le bien dans les 5500€/m² en prix d'achat maximum frais d'agence inclus.

Quand vous achetez un appartement délabré, souvent il s'agit d'un investissement locatif qui a mal tourné. Le locataire a saccagé l'appartement, et par conséquent le propriétaire excédé a décidé de vendre. Souvent il y a des histoires de loyers impayés avec. Par conséquent, n'hésitez pas à négocier le prix. Sauf si vous êtes dans une zone tendue et qu'à ce prix-là, le bien partira quand même. Car l'intelligence c'est aussi parfois de savoir quand il n'est pas approprié de négocier. Pour le bien délabré qui appartient à un propriétaire excédé, votre cible c'est que l'écart de prix entre le prix proposé par le propriétaire et le prix du marché soit de minimum 1500€/m². Sinon cela ne sert à rien d'y aller.

Gardez en tête que vos estimations des coûts de travaux seront fausses. Il y a beaucoup trop de choses que vous ne pouvez pas voir lors des visites. Comme les trous dans les murs qui étaient cachés par des meubles, le parquet pourri caché par du parquet flottant, le chauffe-eau qui est plein de calcaire et qui va lâcher, … N'allez pas vous mettre à risque pour rien.

L'avantage de ce genre de projets c'est que vous n'avez aucun état d'âme à tout casser. Attention quand même à un point important : On ne touche pas aux murs porteurs dans un appartement sans l'accord de la copropriété. Personne ne viendra bien sûr contrôler vos travaux dans votre appartement, mais si un jour il y a un effondrement, c'est votre responsabilité pénale qui sera engagée.

Pour le faire vous devez :

1. Vous adresser à un bureau d'étude qui va analyser la structure de l'immeuble. Ils vous indiqueront la meilleure méthode pour abattre une cloison et quels renforts vous devez utiliser
2. Vous devez choisir pour réaliser ces travaux une entreprise dont c'est la spécialité et qui a une assurance décennale en règle
3. N'hésitez pas avant les travaux à aller voir dans les appartements qui pourraient être impactés par les travaux l'état des dits appartements. Cela vous protègera de la malveillance de vos voisins qui pourraient essayer de vous accuser de problèmes dans leurs appartements dont vous n'êtes pas la cause
4. Une fois que vous avez l'accord de la copropriété vous pouvez entamer les travaux.

Sachez que si vous touchez à des éléments porteurs, vous augmentez significativement le coût des travaux. Avant de penser à toucher au porteurs, étudiez bien s'il n'y a pas d'autre solution qui permette de répondre à la même problématique.

12.5 – On rénove du sol au plafond une maison

Dans le cas d'une maison, vous êtes libres de faire ce que vous voulez. En cas de maison délabrée, vous avez deux cas de figures.

1. C'était la maison d'une personne âgée à très faibles revenus
2. C'était une maison en location et le locataire a saccagé la maison. Et en général les locataires qui saccagent les biens ont aussi la particularité de ne pas payer leurs loyers

Ici, vous pouvez faire tout ce que vous voulez dans la maison. Mais j'attire votre attention sur 5 choses :

1. Est-ce qu'il y a des servitudes sur le terrain occupé par la maison ?

2. Est-ce qu'il y a de l'amiante (même en plaque) dans la maison ?
3. Est-ce qu'il y a de la mérule dans la maison ?
4. Est-ce que la structure de la maison est saine ?
5. Est-ce que la toiture de la maison est saine et isolée ?

Vous ne faites pas d'offre si à chacune de ces questions vous n'avez pas de réponse. Regardons les une par une.

Une servitude c'est un droit octroyé à un tiers (mairie, Enedys, votre voisin) sur une partie du terrain et vous n'avez pas le droit de l'empêcher d'y accéder, et par conséquent vous ne pouvez rien construire dessus. Vous n'avez même pas le droit d'y mettre un potager.

Pour l'amiante, vous devez surtout pour les maisons anciennes faire venir des spécialistes pour qu'ils vous confirment qu'il n'y en a pas. Car s'il y en a, au vu du caractère cancérigène, vous voudrez le retirer (et je vous conseillerai de le faire).
Sauf que seules des entreprises spécialisées ont le droit de retirer l'amiante. Par conséquent, cela se ressent sur leurs prix. Car, il faut non seulement retirer l'amiante, mais aussi aller le stocker dans des déchetteries spécialisées.

Pour la mérule, il s'agit d'un champignon qui mange littéralement la maison. Il s'attaque absolument à tout. Pour le faire disparaître c'est des travaux extrêmement lourds. Et niveau budget, ça peut coûter aussi cher qu'une construction. Le tout sans la garantie que le champignon ne reviendra pas. Alors en cas de mérule, vous n'y allez pas !

Pour la structure de la maison, vous devez prêter attention aux fissures des murs. Cela peut être la traduction de fondations mal faites qui entraînent le fait que la maison se fissure. Par conséquent, prêtez attention particulièrement aux zones où vous avez l'impression qu'un coup de peinture récent a été passé. Regardez s'il n'y a pas de trace même légère de rebouchage. Si vous identifiez un problème de structure, n'y allez pas !

Pour la toiture, refaire un toit coûte cher, et si vous devez le faire, vous devez payer la maison beaucoup moins chère que le prix annoncé par le vendeur. De plus, l'isolation du toit n'est pas bonne alors ça vous fera des coûts supplémentaires qui sont énormes.

Par conséquent, attention quand vous achetez une maison à bien regarder ces points qui sont critiques, et qui peuvent faire exploser votre budget.

12.6 – On rajoute des m² à un appartement

Les m² qui comptent dans le prix sont les m² en loi Carrez. Il s'agit des m² dont la hauteur sous plafond est supérieure ou égale à 1.80 mètres.

Ici vous pouvez vous retrouver dans plusieurs configurations possibles. Certaines vont demander plus de travail que d'autres.

Cas 1 : On utilise parfaitement la hauteur sous plafond de l'appartement.

Ici votre cible sont les appartements anciens dont la hauteur sous plafond est d'au moins 4 mètres. Pourquoi 4 mètres ?

La raison est simple, pour éviter une impression d'étouffement, et de confinement, vous devez dans l'appartement dans les endroits de vie et de circulation garder plus de 2 mètres de hauteur sous plafond (2.20 mètres au minimum, sinon les acheteurs vont se sentir oppressés, l'idéal c'est 2.40 mètres).

Par conséquent, Si vous faites 2.20m + 1.80 m = 4 mètres.

Pour tricher (car votre pièce a besoin de plancher) en général, on la met au-dessus de la cuisine et avec les meubles hauts l'effet d'optique marche parfaitement. Ces pièces additionnelles en général n'ont pas d'accès direct à la lumière extérieure, par conséquent, à moins d'être au dernier étage pour faire une fenêtre de toit. (Mais dans ce cas, il vous faudra l'accord de la copropriété là encore vous devrez obtenir aussi l'accord de la mairie.)

Maintenant faisons un calcul de base.

Vous achetez un appartement à 3000€/m². Il fait on va dire 50 m². Vous lui rajoutez 20 m². Les travaux vous coûtent 1000€/m². Cela veut dire que vous avez gagné 20m²x (3000€/m²-1000€/m²) = 40.000€ rien qu'en faisant cette opération.

Par conséquent, vous pouvez acheter l'appartement initial au prix du marché que vous serez quand même rentables. Donc adaptez vos offres au projet que vous avez en face.

Le problème des débutants c'est souvent que vous avez des idées arrêtées sur ce qu'il faudrait faire, et que vous perdez totalement de vue les autres approches.

Cas 2 – On réalise une surélévation

Ici typiquement, un appartement en dernier étage, ou alors on rachète un droit à surélever à une copropriété.

Mais là, attention car ça va faire mal niveau procédure. Car vous n'avez pas les coudées franches.

Vous allez devoir convaincre à la fois les copropriétaires, mais aussi la mairie…Mais vous avez la loi qui a permis quand même d'assouplir les règles.

- La loi Boutin de 2009 a enlevé aux propriétaires du dernier étage leur droit de véto
- La loi ALUR de 2014 a supprimé pour les copropriétés le coefficient d'emprise au sol, ce qui permet aux copropriétés de pouvoir approuver la vente d'un toit à surélever.

De plus les mairies ont tendance à être plus souples dans les règles d'urbanisme pour les copropriétés dont on souhaite réaliser surélévation.

Mais, vous allez devoir passer obligatoirement par un architecte. Car, les fondations de l'immeuble ont été dimensionnées pour un certain nombre d'appartements. Créer de nouveaux étages rajoute du poids à la structure. Et personne ne veut se retrouver avec un immeuble qui s'effondre.

Une fois la faisabilité technique validée (y compris la partie urbanisme), vous allez pouvoir aller en assemblée générale pour faire approuver votre projet.

En règle générale, pour réaliser une surélévation, vous avez besoin de l'accord des 2/3 des copropriétaires lors d'une assemblée générale. Mais si l'immeuble se situe dans une zone de Droit de préemption urbain (DPU), alors vous avez besoin de la majorité simple des copropriétaires pour faire valider votre projet. A savoir 50% (des tantièmes) + 1 tantième.

Afin que ce soit clair, prenons un exemple concret.

Vous avez un immeuble de 6 lots. Si vous n'êtes pas en zone DPU, 4 copropriétaires sur les 6 doivent approuver votre surélévation. Tandis que si vous êtes en zone DPU, imaginons que les appartement 5 et 6 pèsent plus de 50% des tantièmes, cela veut dire que vous n'avez plus que deux personnes à convaincre.

Pour rappel, un tantième c'est la fraction de copropriété que possède un lot.

Une fois que vous avez l'accord de la copropriété et celui de la mairie, vous pouvez commencer les travaux. Comptez entre 1500€ et 2000€/m² pour des travaux de surélévation.

Prenons un projet que je souhaitais réaliser et qui a avorté parce que le vendeur qui initialement n'avait pas son financement l'a obtenu.

Le bien était présenté à 200.000€ pour 90 m² possibles. Que je voulais configurer en deux T3 de 45 m². Donc j'achetais à 2250€ (environ) le droit à surélever. Et j'en avais pour 180.000€ de travaux. Soit une facture totale à 380.000€ pour 90 m². Soit 4225€/m² dans un secteur où le prix/m² est de 7000€/m². Ce qui aurait fait 2777€/m² de marge !

Soit un actif net de 249.930€ sur 1 seul projet !

Vous imaginez ma déception quand finalement le vendeur a trouvé son financement… Car en locatif, j'aurai fait deux colocations pour être à l'équilibre niveau cashflow. Et en revente, je savais que c'était à chaque fois des gros billets qui allaient sortir.

Dans la promesse que je vous ai faite, je vous ai parlé de 100.000€ en 5 ans. Mais avec ce type de projets, vous pouvez le faire sur 1 unique projet !

12.7 – On achète des combles pour créer un appartement

Ici la difficulté particulière du rachat des combles c'est la luminosité. Car vous allez devoir créer des ouvertures pour apporter de la lumière.

La procédure est la même que pour une surélévation. A ceci près que vous n'avez pas besoin de l'accord de la copropriété (parce que en général les combles appartiennent à la copropriété). Et si elles sont liées à un appartement, il a le droit de les vendre s'il a l'autorisation de séparer ces combles de son appartement.

Le prix des combles est toujours inférieur à celui d'un appartement y compris un appartement à rénover.

Prenons un exemple.

Dans la ville où j'investis, dans mon secteur les combles peuvent se vendre selon les secteurs entre 4000€/m² et 4500€/m². Prenons le cas de combles de 30 m² carrez.

Cela signifie qu'on va toucher ces combles entre 120.000€ et 135000€. Prenons le pire des cas : 135000€. Il y en a pour 1500€/m² pour refaire entièrement cet appartement (c'est le prix d'une construction neuve. En général, les combles c'est à peu près aussi cher que de faire construire). Soit 45000€. Soit au total dans le pire des cas 180.000€ pour cet appartement.

En prix de revente, on peut espérer revendre à 210.000€. Soit 30.000€ de plus-value dans le pire des cas. Imaginez que vous vous en tiriez à 1000€/m² au lieu de 1500€/m² vous pourrez gagner 45000€ sur ce seul projet.

Donc les combles sont aussi des projets à GROS argent.

12.8 – On rajoute des m² à une maison

Ici, on parle de projets d'extensions, ou de surélévation. Pour le réaliser comme dans les études de cas que nous avons faites précédemment, vous devez vous assurer de la faisabilité de ce projet avec le plan local d'urbanisme.

Vous n'avez besoin de l'autorisation que de la mairie pour mener à bien votre projet. Cela dit, si vous avez la maison qui est dans un lotissement, regardez le règlement du lotissement. Si le lotissement a moins de 10 ans, il y a des chances pour que le règlement vous interdise certaines choses (comme construire sur un étage).

En revanche, si vous savez que le lotissement a plus de 10 ans, sachez que le règlement du lotissement sera caduque. Car pour qu'il reste valable les membres de l'association syndicale du lotissement doivent faire la démarche de le prolonger. Cela n'arrive pour ainsi dire jamais.

L'idéal quand vous cherchez ce type de projets pour rester dans un budget raisonnable en matière de projets, c'est de chercher des maisons qui ont entre 50 m² et 75 m². Car ces maisons sont trop petites pour intéresser des familles. Par conséquent, elles sont difficiles à vendre pour les propriétaires. Car elles coûtent plus cher que des appartements qui sont dans la même catégorie en matière de taille.

Vous pouvez chercher des maisons standards, mais les prix énormes constituent une barrière à l'entrée. Et si vous passez une maison de 120 m² à 170 m², vous allez restreindre le nombre de personnes recherchant ce type de biens.

Attention donc à toujours proposer des biens qui correspondent aux attentes des clients.

Conclusion

Vous avez découvert à travers ce livre, plusieurs manières de faire de l'argent le tout sans :

- Être requalifiés comme marchands de bien
- Sans entrer dans des projets ultra complexes
- Attendre 20 ans avant d'encaisser un gros chèque

Maintenant c'est à vous de passer à l'action.

J'ai besoin de votre aide.

Si ce n'est pas déjà fait, pourriez-vous s'il vous plait prendre 1 minute de votre temps pour commenter ce livre sur Amazon ?

Une fois que c'est fait, envoyez-moi un email avec la capture d'écran sur **support@construction-neuve.fr** pour recevoir un cadeau surprise pour vous aider dans vos projets gros Argent.

Merci.

Printed in France by Amazon
Brétigny-sur-Orge, FR

13133153R00127